플라톤의 몸 이야기

인문학 간편 읽기

# 플라톤의 몸 이야기

박정자 편저

📖 인문서재

플라톤의 방대한 저작 중에서 우리는 예술 부분에만 관심을 집중시켜 『플라톤의 예술노트』와 『플라톤의 몸 이야기』라는 두 권의 책으로 엮었다.

그의 예술 이론은 『국가』 10권에 수록되어 있다. 미메시스 이론의 원형인 침대 이야기가 여기서 나온다. 세상에는 침대의 이데아, 목수가 만든 침대, 그리고 화가가 그린 침대 등 세 종류의 침대가 있다. 목수는 침대의 이데아를 모방하여 침대를 만들고, 화가는 다시 목수가 만든 침대를 모방하여 그림을 그린다. 따라서 화가의 침대 그림은 모방의 모방이고, 실재에서 세 단계 떨어진 모사품이다. 모방적인 예술이 아무런 가치가 없다는 것을 증명하기 위해 플라톤은 이 우화를 예로 들었다.

그러나 플라톤의 이데아 사상을 모르는 독자라면 이 우화의 이해가 쉽지 않다. 목수가 만든 침대는 엄연히 실재인데, 그것을 재현한 그림이 실재에서 세 단계 떨어진 모사품이라는 말이 도저히 수긍되지 않기 때문이다. 『국가』 6권과

7권을 읽으면 그 궁금증이 풀린다. 플라톤은 이데아 사상을 쉽게 설명하기 위해『국가』6권에서는 선분(線分)의 도표를, 7권에서는 그 유명한 동굴의 우화를 펼쳐 놓는다.『국가』2권과 3권에는 요즘의 연기(演技)와 내레이션에 해당하는 미메시스와 디에제시스의 설명이 들어 있다. 내러티브 이론을 이해하는데 매우 유용하다.

『플라톤의 예술노트』는 독자의 접근성과 용이성을 고려해『국가』10권을 제일 먼저, 7권, 6권을 다음에, 그리고 2, 3권을 제일 마지막으로 역순(逆順) 배치하여, 그 중에서 예술 관련 부분만 발췌해 엮었다.

플라톤이 몸에 대한 자신의 생각을 분명하게 표현하고 있는 것은『파이돈』에서이다. 우선 인간의 육체는 썩어 없어지는 것이어서 영원한 가치가 없다. 살아 있는 동안에는 온갖 욕구와 탐욕으로 순수한 영혼의 참된 인식작용을 방해한다. 참된 인식은 사유 속에서만 가능한 것인데, 사유는 고통이나 쾌락이 정신을 괴롭히지 않을 때 최적의 상태를 유지한다. 그러므로 지고지선의 이데아의 세계에 도달하기 위해서는 육체를 가능한 한 멀리 해야만 한다. 이것이 몸에 대한 플라톤의 기본적인 생각이다. 이처럼 몸을 악으로 규정하는 그의 영혼불사론이 나중에 몸을 극도로 죄악시하는 중세 기독교의 고행 사상으로 이어졌을 것이다.

그러나 『향연』에서는 아름다운 에로스를 예찬하고, 소년애(少年愛)를 찬미하며, 자웅동체 우화를 통해 사랑의 기원을 추적한다. 얼핏 보기에 『파이돈』의 금욕적인 주장과는 정반대의 논의인 듯하다. 『파이돈』에서는 육체의 쇠사슬에서 영혼이 해탈되어야 참된 정화(淨化)가 이루어진다고 말하고 있기 때문이다. 하지만 몸을 경멸하는 것도 역시 몸에 대한 담론임에는 틀림이 없다. 비록 이데아의 세계로 올라가는 사다리의 역할이지만 『향연』에서 몸은 가장 중요한 대상이다. 그래서 우리는 금욕적인 『파이돈』과 감각적인 『향연』을 한 데 묶어 『플라톤의 몸 이야기』라는 도발적인 제목으로 재편집해 보았다.

번역판으로는 『플라톤의 국가 - 정체』 (박종현 역주)와 『플라톤의 대화』 (최명관 옮김)를 참고했고, 원서로는 The Republic (Desmond Lee 번역, Penguin Classics)과 Dialogues of Plato (J.D. Kaplan 편집, Washington Square Press)를 참고로 했다. 한국어 번역서의 예스러운 대화체는 그대로 따랐으나 내용 부분에서는 많은 것을 바로잡고 수정하고 첨삭하였다. 독자의 이해를 돕기 위해 약간의 의역을 감행하기도 했고, 중요한 단어나 문장들은 괄호 안에 영어를 표기하였다.

박정자

# 목 차

# 오늘 우리는 왜 플라톤을 읽어야 할까?

 

 

고전이기 때문에? 플라톤은 물론 서양 철학의 기원이다. 영혼과 육체의 이원론을 주장함으로써 서구 관념철학을 창시했고, 3세기의 신플라톤주의에서 18세기의 헤겔을 거쳐 우리 시대의 탈근대 철학에 이르기까지 모든 서양 철학에 영향을 미쳤다. 그러나 고전이어서 읽어야 한다고 하면 갑자기 흥미가 사라진다. 굳이 철학 책을 읽어야 할 필요성을 느끼지 않는 보통 사람들은 생생한 현재에 관심이 있지, 죽어 있는 과거에는 별 관심이 없기 때문이다.

우리가 지금 플라톤을 읽어야 하는 이유는 그의 사상이 2천4백여년 전의 케케묵은 철학이 아니라 우리 시대를 해석하는 핵심적인 개념들이기 때문이다. 예를 들어 본질과 그것의 모방인 현상을 이원론적으로 다루고 있는 이데아 사상은 오늘날 오리지널과 카피라는 형식으로 전환되어 디지털 시대의 가상현실을 해석하는 유용한 도구가 되고 있다. 그가 예술을 비판하며 사용했던 복제의 복제라는 말도 현대의 시뮬라크르 이론이 되어 팝아트나 포스트모던 예술비평의 근거가 되고 있다. 그는 이데아-현상-예술의 3항 구도에서 시가(詩歌)와 회화 등의 예술작품들은 이데아를 복제한 복제품을 또 복제한 것이므로 진리에서 세 번째 떨어진 하찮은 모방품이라고 폄하하였다.

보드리야르나 일부 SF 작가 혹은 영화감독들은 이미지가 지배하는 디지털 테크놀로지 시대의 가상현실을 매우 불길한 것으로 바라보며 시뮬라크르적 현상을 주목하고 있다. 한편 들뢰즈와 데리다 등 포스트구조주의 철학자들은 플라토니즘을 극복하는 것이 서구의 전통적 형이상학에서 벗어나는 길이라고 주장하며 강력하게 반-플라토니즘의 기치를 들었다.

이처럼 플라톤의 사상은 우리의 일상생활 속에 깊이 녹아들어 우리의 정신을 지배하고 있다. 가히 현대 인문학의 원형이라 할만하다. 포지티브한 의미로도 그렇고, 네가티브한 의미로도 그렇다. 플라토니즘을 계승하거나 부정하거나를 막론하고 플라톤의 사상을 모르고는 현대 정신의 깊은 흐름을 이해할 수 없다. 뒤집어 말하면 플라톤의 기본 이념을 이해하는 것만으로 현대 인문학의 절반은 이해했다고 해도 과언이 아니다.

철학만이 아니다. 현대 사회에서 첨예한 논쟁의 대상이 되고 있는 동성애 문제만 해도 이미 플라톤에 그 기원이 있다. 물론 현대의 동성애 문제는 성소수자의 선택의 문제이고, 플라톤의 논의는 이데아의 세계를 향한 예지의 문제라는 점이 다르기는 하지만 말이다.

## 플라톤과 동성애

완전성에 대한 동경과 갈망이 문학의 원천이라고 흔히들 이야기한다. 원래 완전한 존재였던 인간이 언제부터인가 단편적이고 파편화 되어 그 결핍된 부분을 그리워하게 되었는데, 이 동경과 그리움이 인간의 원초적 슬픔이라는 것이다. 놀랍게도 우리는 플라톤의『향연』에서 이 결핍 사상의 원형을 발견한다. 플라톤의 우화 중에서 아마도 가장 대중적인, 너무나 대중적이어서 이것이 플라톤의 이야기인 줄 모르는 사람이 태반인, 그런 우화가 하나 있다. 태초에 인간은 원래 남,녀 성이 한데 붙어있었다는, 자웅동체(雌雄同體)설이 바로 그것이다. 『향연』의 한 대화자인 아리스토파네스는 자신의 반쪽을 찾는 것이 사랑의 기원이라고 하면서 다음과 같은 전설을 들려준다.

인간에게 지금은 남성과 여성의 두 가지 성(性)만 있지만 처음에는 세 가지 성(性)이 있었다. 즉 남성, 여성 그리고 이 둘을 다 가지고 있던 제 3의 성이다. 이 제 3의 성이 자웅동체(雌雄同體, androgyny)이다. 이들은 등과 옆구리가 불룩하여 전체적으로 공같이 둥근 구형(球形)이었다. 팔이 넷, 다리가 넷, 둥근 목 위에 머리는 하나, 거기에 똑같이 생긴 얼굴이 반대 방향으로 둘 있었다. 귀가 넷, 음부가 둘이었다. 남성은 태양에서 태어났고, 여성은 대지에서 그리고 남녀성은 달에서 태어났다. 그들은 기운이 넘치고 야심이 담대하여 신들을 마구 공격했다.

제우스가 신들을 불러 모아 회의를 했다. 거인들에게 했던 것처럼 번갯불로 인류를 전멸시킬 수도 있지만, 그렇게 하면 인류가 자기들에게 바치던 예배와 희생제물을 받을 수가 없다. 인간을 그대로 생존하게 하면서 그들을 지금보다 약하게 만들 수 없을까? 모든 사람을 두 쪽으로 쪼개면 사람 수는 많아지고 힘은 약화될 것이 아닌가.

그래서 마치 마가목 열매의 피클을 만들 때 그것을 두 조각으로 쪼개듯, 혹은 잘 삶은 달걀을 머리카락으로 자르듯, 사람들을 정확히 절반으로 잘라 두 조각으로 만들었다. 그리고 마치 우리의 복주머니처럼 살가죽을 잡아 당겨 배 부분에 매듭을 지었다. 이것이 바로 배꼽이다.

본래의 몸이 갈라졌을 때 그 반쪽은 각각 다른 반쪽을 그리워하고, 반쪽을 찾아 헤매었으며, 찾으면 끌어안았다. 이 때 본래 여자였던 사람은 여자를, 본래 남자였던 사람은 남자를, 본래 남,여성이었던 사람은 서로 이성을 찾았다. 현대 사회에서 첨예한 논쟁의 대상으로 떠오른 동성애를 정당화하는 것으로 여겨질 수도 있겠다.

결국 인간이 사랑하는 이와 하나가 되고, 두 몸이 한 몸으로 되고 싶어 하는 것은 온전했던 옛 모습으로 돌아가고자 하는 회귀본능이라는 것이다. 여기서 우리는 사랑학의 원류를 발견한다. 즉 온전한 것에 대한 욕망과 그것에 대한 추구가 바로 에로스라는 것이다.

이 이론은 라캉의 욕망 이론을 떠받쳐 주는 근거가 되기도 하다.

## 플라톤과 라캉

라캉(Jacques Lacan, 1901–1981)이라는 프랑스의 정신분석학자가 있다. 프로이트를 구조주의적으로 재해석해 현대 정신분석과 철학에 큰 기여를 한 학자다. 1953년에서부터 1981년까지 해마다 열었던 세미나 강의를 통해 1960년대와 1970년대의 프랑스 지식인들, 특히 후기구조주의 철학자들에게 큰 영향을 미쳤다. 그의 사상은 비판이론, 문학평론, 철학, 사회학, 여성학 등에 중요한 틀을 제공하고 있다. 요즘에는 슬라보예 지젝의 해석을 통해 문화이론과 영화비평에서 새롭게 조명 되고 있다.

현대인들이 라캉에 매료되었던 것은 그의 욕망 이론 때문이다. 오늘날 신문의 문화면 기사에서, 평론가들의 글에서, 인문학적인 에세이에서 우리가 가장 많이 접하는 단어 중의 하나는 욕망이다. 욕망은 라캉의 중심 개념이다. 욕망이란 무엇일까?

라캉은 우리가 뭔가를 바라는 상태를 욕구(필요, need), 요구(demand), 욕망(desire)이라는 세 가지 항으로 나눈다. 욕구는 생리적, 생물학적인 것으로 충족 가능한 것이다. 예컨대 갈증과 식욕 같은 것이어서 목이 마르면 물을 마시면 되고, 배가 고프면 밥을 먹으면 된다.

그런데 요구는 대상이 주어진다 해도 만족이 없다. 왜냐하면 실은 그 대상이 아니라 대상 너머의 다른 것을 원하고 있기 때문이다. 예컨대 아이가 "엄마, 물 줘!"라고 했을 때 그 아이의 요구는 물만으로는 충족이 되지 않는다. 아이가 정말로 원하는 것은 물이 아니라 사실은 엄마의 사랑이기 때문이다. 요구는 궁극적으로 사랑에 대한 요구이다. 그리고 그것은 언어적 표현이다. 타자에게 요구하는 것은 사물이 아니라 사랑이다. 그러나 사랑을 증명한다는 것은 불가능하다. 따라서 요구는 원천적으로 충족이 불가능한 채 나선형의 모습을 띠며 한 없이 계속된다. 요구를 통해 욕구가 분명하게 채워져도 주체가 여전히 결핍을 느끼는 것은 바로 이 때문이다.

세 번째로 가장 중요한 것이 욕망이다. 현대 사회의 중심적인 화두로 떠오른 욕망은 생리학적 욕구와도 다르고, 사랑의 요구와도 다르다. 요구가 어느 대상에 대한 요구라면 욕망은 어떠한 대상도 가지고 있지 않다. 아무런 특정의 대상이 없다는 점에서 욕망의 대상은 결핍(lack)이다. 즉 욕망의 대상은 아무것도 없음, 무(無)이다. 따라서 욕망은 결코 만족을 모르고, 결코 채워질 수 없다. 대상이 없는데 무엇으로 채우겠는가?

욕망은 욕구와 요구가 분리되는 지점에서 모습을 드러낸다. 욕구는 객관적 결핍이었고, 요구는 언어적 표현이었다. 그런데 욕망은 그 둘 사이에 자리 잡고 있다. 욕망은 만족을 얻기 위한 욕구도 아니고, 사랑을 얻기 위한 요구도 아니다. 그것은 요구에서 욕구를 뺀 그 나머지다. 욕구와 요구 사이의 차이(difference), 또는 마진(margin) 속에서 욕망의 모습이 드러난다. 슬라보예 지젝은 "욕망의 존재이유는 욕망을 충족시키는 것이 아니라 스스로 욕망을 재생산하는 것"이라고 말했다. 욕망은 대상과의 관계가 아니라 결핍(lack)과의 관계이다.

그럼 인간에게는 왜 이런 절망적인 욕망이 있을까? 인간은 결핍에서 태어났기 때문이라고 라캉은 말한다. 플라톤은 인간의 결핍을 자웅동체설의 기원에서 찾았지만, 라캉은 어머니와의 분리를 인간의 원초적 결핍으로 상정한다. 자궁 안에서 어머니와 행복하게 결합되어 있던 최초의 완전한 순간에서 분리되는 출산의 순간부터 인간은 결핍을 느끼고 그것의 충족을 절망적으로 원하게 된다는 것이다. 인간은 평생 그 최초의 완전한 순간을 꿈꾸지만 그러나 그것은 결코 실현될 수 없는 헛된 꿈이다. 이것이 라캉의 욕망의 정체이다.

욕망의 대상은 결핍이고, 따라서 욕망은 결코 충족될 수 없다는 이야기는 비극적이고도 충격적이다. 가지고 싶던 명품가방을 사도, 그토록 바라던 대학에 입학해도, 어쩐지 허전한 마음이 남는 이유를 알지 못했던 우리들, 원하던 아기를 낳고 나서 겪는 산후 우울증, 원하던 직위에 오른 후 느끼는 승진 우울증을 의아하게 생각했던 현대인들은 라캉의 욕망 이론에서 그것이 인간의 본질임을 쓸쓸하게 깨닫는다.

그런데 욕망의 대상이 결핍이라는 그 도발적인 이야기가 실은 플라톤의 『향연』에 이미 나와 있다는 것에 우리는 놀라게 된다. 『향연』에서 에로스를 정의하는 대목은 마치 라캉을 예고하기라도 하는 듯하다. 현대인을 사로잡은 가장 최신의 욕망이론이 결국 플라톤에서 시작되었다는 사실에 우리의 관심은 생동감을 띠기 시작한다.

## 플라톤과 시뮬라크르

컴퓨터의 가상현실이 예술의 중요 요소로 등장하면서 가장 많이 쓰이게 된 단어가 원본(original)과 복제(copy)이다. 앤디 워홀이 마릴린 먼로의 얼굴 사진을 색색으로 복제하여

고가의 작품을 만들어낸 이후 더 이상 오리지널과 카피의 관계는 진품과 가짜의 관계가 아닌 것이 되었다. 실제의 사물이 원본이고 그 사물의 이미지가 복제여서, 과거에는 실재만이 중요하고 이미지는 별로 중요하지 않았다. 그러나 오늘날 이미지는 실재를 완전히 능가하는 새로운 가치, 새로운 힘으로 등극했다. 한 연예인의 실체가 어떠한지는 전혀 중요하지 않다. 인기라는 엄청난 힘을 만드는 것은 그의 이미지일 뿐이다. 프랑스의 사회학자 장 보드리야르는 이미지가 실재를 죽인다고까지 말한다. 이미지는 실재의 모방이 아니라 실재보다 더한 실재, 즉 하이퍼리얼(hyperreal)이 되었다는 것이다.

이미지란 무엇인가? 그것은 상(像)이다. 거울이나 유리에 비친 영상, 물에 반사된 그림자, 실제의 물건을 종이 위에 그대로 그려 넣은 그림, 사진기로 찍은 사진, 이 모든 것이 이미지다. 머릿속에 떠오르는 심상(心像), 그것도 이미지다. '다채로운 시적 이미지'라고 할 때, 그것은 시의 단어들이 우리 머릿속에 만들어내는 여러 가지 그림들을 말한다. 내가 거울을 바라볼 때 나 자신은 실재(實在)인데 거울 속의 영상인 내 모습은 이미지다. 그것은 실재인 나의 얼굴을 모방, 복제, 재현한 그림자, 영상, 즉 이미지다.

실재인 마릴린 먼로의 얼굴을 카메라로 찍은 사진은 마릴린 먼로라는 실재를 복제한 이미지다. 그런데 앤디 워홀은 이 이미지를 다시 실크 스크린으로 복제하여 초록, 빨강, 분홍...등등의 마릴린 먼로를 만들어냈다. 이미지의 이미지, 즉 카피의 카피인 것이다. 이것이 바로 시뮬라크르다. 시뮬라크르는 원본에서 세 번째 떨어져 있는 이미지를 일컫는 말이다.

실재-이미지-이미지의 이미지, 또는 원본-사본-사본 (寫本)의 사본, 이런 삼항(三項) 관계의 원형을 우리는 플라톤의 이데아 사상에서 발견한다. 이 세 단계 중에서 플라톤은 물론 실재를 가장 가치 있는 것으로, 그것의 그림자인 이미지는 두 번째 가치 있는 것으로, 그리고 그림자의 그림자인 세 번째 단계는 아무런 가치가 없는 것으로 치부한다. 모든 시문학과 미술이 이 세 번째 단계의 모방 행위이다. 이 모방의 결과물들은 가치가 없을 뿐만 아니라, 진짜인 양 사람들을 현혹시키므로 위험하기 까지 하다. 그래서 플라톤은 국가에서 시인을 추방해야 된다고 말했다.

이미지란 원본인 실재를 아주 비슷하게 모방한 것이다. 거울 속 내 이미지는 실재인 나와 아주 비슷하다. 비슷함이란 모방이다. 그래서 플라톤은 원본과 닮아지려는 두 번째 단계와 세 번째 단계의 행위를 모방이라고 말한다. '모방'의 희랍어 표기는 미메시스(mimesis)이다.

대상을 사실적으로 묘사하는 전통 회화와, 현실을 사실적으로 기술하는 사실주의 문학은 모두 이 미메시스를 원칙으로 하고 있다. 희랍어 미메시스는 영어로는 representation(재현)이다. 그러므로 르네상스 이후 4백년간 서구의 전통 미술과 근대 이후의 모든 사실주의적 문학의 창작 원리는 다름 아닌 미메시스 즉 재현이었다. 이 그림과 소설들은 모두 현실 속의 실재를 가장 사실에 근접하게 모방하려 애썼다. 그러나 20세기의 모더니즘과 함께 재현은 붕괴되었고, 이제 예술은 더 이상 대상을 그대로 모방하거나, 현실을 있는 그대로 재현하지 않게 되었다.

예술사의 전환기를 규정짓는 이 중요한 개념, 즉 '재현'이라는 개념이 플라톤에서 유래했다는 것이 흥미롭지 않은가? 물론 플라톤에게서 실재(원본)는 관념의 하늘 속에 있는 영원불변의 본질, 즉 이데아를 뜻하는 것이고, 두 번째 단계의 모방(재현)은 이데아의 본질에 가장 가까운 복제(copy)로, 장인(匠人)이 만들어내는 구체적인 물건들이며, 세 번째가 복제의 복제 즉 시뮬라크르다. 예술은 이 세 번째 단계의 미메시스(재현)이다. 그러나 우리 현대인은 그 삼항

(三項) 구도를 한 단계씩 내려, 실재를 현실 속의 대상으로, 두 번째 단계의 모방을 사진, 회화, 영화 등의 이미지물로, 세 번째 단계의 모방은 이 이미지들을 다시 모방한 시뮬라크르로 상정하는 것이다.

한편 들뢰즈는 플라토니즘을 전복(顚覆)해야만 서양 철학을 형이상학에서 벗어나게 할 수 있다고 주장한다. 당연히 그는 시뮬라크르를 아주 긍정적으로 본다. 그는 시뮬라크르야 말로 창조적 실재를 생산하는 힘을 갖고 있다고 말한다. 시뮬라크르는 두 번 옮겨온 사본이 아니라 그 자체가 다른 성질을 가진 현상이라는 것이다. 그리고 이것이 사본과 모델 사이의 구분을 무력화시킨다고 말한다. 사본은 제 아무리 많이 이동했다 하더라도 원본에 대한 내적 유사성의 유무에 따라 가치가 결정된다. 그러나 사본과 모델이라는 이항 대립을 아예 부정해 버리면 모든 사본들은 각기 그 자체의 기능과 힘과 의미를 지니게 되는 것이다.

데리다도 플라톤의 기본 사상인 동일성과 유사성의 위계질서가 서구의 로고스 중심주의를 낳았고, 그것이 전체주의 사상으로까지 이어질 수 있다고 플라토니즘을 매우 경계하였다.

## 플라톤과 소크라테스

우리가 알다시피 희랍의 철학자 소크라테스는 글을 쓰지 않았다. 그는 변증술적(dialectic) 대화를 통해 제자들을 가르쳤을 뿐 그것을 글로 쓰지는 않았다. 그런데도 우리가 소크라테스를 세계 3대 성인으로 기리고 그의 철학이나 행적을 잘 알고 있는 것은 수많은 저서를 통해 그것을 후세에 전달한 플라톤 덕분이다. 플라톤의 거의 모든 저서는 소크라테스와 제자들의 대화를 전달하는 방식으로 되어 있다. 그러므로 우리가 '플라톤의 사상'이라고 말할 때, 그것은 엄밀히 말해서 소크라테스의 사상인 것이다.

소크라테스(b.c. 470~399)가 독약을 마시고 죽은 것은 플라톤(b.c. 427~347)이 28세 되던 해였다. 둘이 만난 적이 있었다 하더라도, 불과 20대 시절에 잠깐 만난 철학자의 전 사상과 행적을 충실하게 전달한다는 것은 불가능한 일이다. 그러므로 플라톤의 저서들은, 비록 소크라테스의 대화를 그대로 옮기는 방식이지만, 실상 플라톤 자신의 철학이라고 보아야 한다. "소크라테스는 이렇게 말했네"라는 대화체로 쓰여진 온갖 사상을 우리가 플라톤의 사상이라고 말하는 이유가 거기에 있다. 짐작컨대 아이디어 자체는 소크라테스의 것이고, 변증술적 방법도 소크라테스의 것이지만 다채로운 비유와 우화를 덧입혀 거기에 정교한 논리의 틀을 부여한 것은 플라톤이었을 것이다. 플라톤의 마지막이며 가장 긴 저서인 『법률』(Law)에 이르러서야 소크라테스의 이름이 사라지고 익명의 아테네인이 등장한다. 이때 비로소 플라톤은 소크라테스라는 페르소나를 벗어던지고 자신의 맨 얼굴로 자신의 철학을 펼쳐 보인 것이다.

정치적 격변기였던 아테네에서 정치 지망생이었던 플라톤은 죄 없는 소크라테스가 처형되는 것을 보고 정치에 환멸을 느낀다. 그리고 철학으로 방향 전환을 하여, 철학자가 정치를 담당할 때만 정의로운 정치가 구현된다는 신념을 갖게 된다. 이것이 소위 플라톤의 철인(哲人) 정치가론이다. 철인 정치가를 양성하기 위해 40세 무렵(b.c. 387년경) 아테네 학당을 열었다. 나라의 근본적인 개혁을 위해서는 참된 지식인을 집단적으로 양성하는 것이 중요하다는 생각에서였다.

회화에 관심이 있는 사람이라면 미켈란젤로의 그림 〈아테네 학당〉을 기억할 것이다. 전설적 영웅 아카데무스에서 이름을 딴 아카데미아(Akademia)는 서양 역사상 최초의 대학이며, 또 학술기관으로서의 아카데미라는 단어의 효시이기도 하다. 아리스토텔레스도 17세 때 이 학당에 들어와 20

여 년간 머무르며 학문 연구와 저술 활동을 했다. 소크라테스—플라톤—아리스토텔레스로 이어지는 고대 희랍의 3대 철학자의 계보는 이렇게 이루어졌다.

## 플라톤의 이데아 사상

존재에는 두 가지가 있다. 우리 눈에 보이는 가시적 존재와 우리 눈에 보이지는 않지만 우리 머릿속에 있는 비가시적 존재가 그것이다. 흔히 우리는 눈에 보이는 가시적 존재를 실재(實在, real)라고 생각하고, 눈에 보이지 않는 것은 가상 혹은 이미지라고 생각한다. 여하튼 비실재라고 생각한다. 보통 사람들은 이처럼 눈에 보이고, 귀에 들리며, 손으로 만져지는 것들이 곧 실재라는 것을 아무런 의심 없이 받아들인다. 그러나 플라톤은 이와 같은 우리의 상식을 보기 좋게 배반한다. 시각, 청각, 촉각 등 감각들을 통해 지각되어 우리가 추호의 의심도 없이 실재라고 생각하는 것들을 그는 한 마디로 에이돌론(eidolon)이라고 말한다. 고대 희랍어의 에이돌론은 현대어로 그림자(shadow)를 뜻한다. 우리는 그림자 속에서 살고 있다는 것이다.

그림자란 실제로 존재하는 어떤 것이 반사되어 실재와 똑같은 모습을 보이는 허상을 말한다. 수면에 비친 산(山) 그림자, 거울에 비친 내 얼굴의 상(像)이 모두 그림자다. 거울속의 얼굴 모습이 아무리 실제의 내 모습과 똑같다 해도 그것은 어디까지나 아말감을 칠한 유리에 불과하다. 뒤의 아말감만 벗겨 내면 내 얼굴은 흔적도 없이 사라진다. 초상화가 제아무리 사실적이어서 아름다운 공주의 살결이 만져질듯해도 그것은 캔버스 혹은 종이에 불과하다.

플라톤이 말하는 그림자는 요즘 말로 하면 이미지 또는 영상(影像, 映像)이다. 겉모습만 있을 뿐 실체가 없다는 점에서 가상(假象, appearance)이고, 오로지 지각의 대상일 뿐이라는 점에서는 현상(現象, phenomenon)이다.

그런데 플라톤은 이렇게 수면에 비친 그림자나 거울 상또는 회화의 이미지만이 아니라 엄연히 우리 눈에 보이고우리 손에 만져지는 모든 대상들, 즉 우리가 실재라고 믿고 있는 현실 속의 세계를 전부 현상계라고 말한다. 내 앞의 이 책상이 내 눈에 보이고, 내 손에 만져지지만 이것은 실재가 아니고 현상, 즉 그림자에 불과하다는 것이다. 허상의 그림자가 있으려면 반드시 그 모델이 되는 실재가 있어야 한다. 우리를 둘러싼 이 세계가 오로지 그림자 세상이라면 이 그림자를 반사시켜 주고 있는 실재가 어딘가에 있을 것이다.

이것이 바로 이데아의 세계다.

내 눈 앞에 보이는 책상은 현상계 속의 대상이고, 그것의
모델인 실재는 이데아의 세계 속에 있다. 현상계 속의 책상
은 집집마다 학교마다 무수하게 많이 있다. 그러나 이 무수
한 책상들이 모델로 삼고 있는 책상의 이데아는 단 하나다.
그러므로 이데아의 특징은 '하나'요, 현상의 특징은 '다수
(多數)'다. 또 현상의 특징은 '변화'이지만 이데아의 특징은
'불변'이다. 경험 세계 속의 책상은 세월이 흐름에 따라 낡
고 파손되어 언젠가 없어지지만, 이데아의 하늘 속에 단 하
나 있는 책상의 이데아는 시간의 영향을 받지 않고 영원히
존재하며 손톱만큼의 변화도 없다.

우리 인간이나 살아 있는 모든 생명이 그러하듯이 현상계
는 생성(becoming)과 사멸(死滅, mortal)이 특징이다. 현상
계 속의 모든 것은 태어나고 성장하며, 시시각각 변화하여
결국 죽어 없어진다. 그러나 이데아의 세계는 태어남도 없
고 죽음도 없으며 늘어나거나 줄어드는 일도 없이 모든 생
성과 변화에서 초월해 있다. 현상계의 물건들은 합성되어
있거나 혼성의 것이어서, 언제고 분해되는 성질을 갖고 있
다. 휴대폰이 땅바닥에 떨어지면 부품들이 분리되는 것과
마찬가지다. 합성된 것은 항상 변화하며 절대로 동일하게

있지 않는다. 그러나 이데아는 합성되어 있지 않다. 합성되지 않았으므로 그것은 분해될 수 없고, 변화하지 않으며, 항상 동일하게 남아있다.

구체적 사물만이 아니라 관념이나 본질도 마찬가지다. 예컨대 '같음', '아름다움' 등등의 본질들은 때에 따라 변화하는 것이 아니다. 그것은 어느 방식, 어느 때를 막론하고 달라지지 않으며, 언제나 그대로 있고, 불변의 모습이고, 독자적으로 존재한다. 그러나 '아름답다'는 말을 듣는 모든 개별적인 것들은 불변의 상태로 언제나 동일하게 있는 것이 아니다. 그것은 변화무쌍하여 그대로 있는 법이 거의 없다. 아름다운 꽃은 시들어 떨어지고, 눈부시던 청춘은 세월과 함께 늙어 추한 노년이 된다. 이것이 현상 세계와 이데아 세계의 차이다.

현상계의 대상들을 우리는 감각을 통해서 안다. 그래서 현상계를 감각의 세계(the sensible)라고도 한다. 현상계의 사물들을 우리는 손으로 만져 볼 수 있고, 눈으로 볼 수도 있으며, 또 다른 감관으로 지각할 수도 있다. 그러나 불변하는 것들은 오직 정신으로만 파악할 수 있을 뿐, 눈에는 보이지 않는다. 이데아의 세계는 우리의 감각을 초월해 있다. 오로지 정신 또는 지성을 통해서만 그것을 알 수 있다.

그래서 이데아의 세계를 예지계(睿智界) 또는 가지적(可知的) 세계(the intelligible)라고도 한다. 영어로 인문학서를 읽을 때 혹시 intelligible이라는 단어가 나오면 그것을 '지성적'이라고 번역하지 말아야 한다. 그것은 '지성으로라야 이해할 수 있는'이라는 플라톤적 의미이기 때문이다.

현상계의 모든 사물들은 각기 자신의 이데아를 가지적(可知的) 세계 안에 갖고 있다. 그러니까 가지계(可知界) 안에는 현상계의 사물 수만큼의 이데아가 존재한다. 침대 같은 구체적 사물의 이데아도 있고, 아름다움이니 정의(正義) 같은 추상적 사물의 이데아도 있다. 이것들은 현상계 속에 있는 모든 종류의 대상들과 각기 한 종씩 대응되는 원본의 모델이다. 플라톤은 이것을 에이돌론(eidolon)이라고 했다. 에이돌론은 현대어로 형상(形相, form)이다. 그는 이 형상들이 실재이며, 우리가 일상적으로 살고 있는 세계는 한갓 그림자인 허상의 세계라고 했다. 그러니까 플라톤에게 있어서 눈에 보이는 그대로의 물질세계는 진짜 세계가 아니다. 실재 세계는 이데아의 세계이며, 현상계(現象界)는 그 형상들을 모방한 허상의 세계에 불과하다. 그러므로 이데아의 세계는 가지계(可知界) 혹은 예지계(睿智界)이고, 또 다른 말로 하면 형상계(形相界)이며, 또 다시 말하면 실재계(實在界)이다.

세상 모든 책상의 모델인 책상의 이데아, 그것은 다름 아닌 책상의 개념 혹은 책상의 본질일 것이다. 그러므로 플라톤의 이데아는 사물의 본질 혹은 개념이라고 해도 무방하다.

다시 한 번 정리하자면 플라톤에게서는 눈에 보이는 가시적 존재와 눈에 보이지 않는 비가시적 존재가 있는데, 가시적(可視的, visible) 세계의 이름은 '감각 세계', '가시적 세계', '현상계'이고, 비가시적(非可視的, invisible) 관념의 세계는 '실재계', '이데아계', '형상계', '예지계', '가지적(可知的) 세계' 등이다.

우리 현대인들도 이미지(image), 카피(copy), 복사, 복제, 사본, 모방, 시뮬라크르(simulacre), 유사(類似), 상사(相似), 가시성(可視性), 가상(假像)현실, 비주얼(visual) 등의 단어들을 즐겨 쓰면서 자기가 살고 있는 엄연한 실제의 세계를 가상적 이미지의 세계라고 말한다. 이것은 플라톤이 현상계를 묘사할 때 썼던 단어들과 그대로 부합된다. 또우리는 가상 이미지의 본(本)이 되는 대상을 원본(原本), 원형(原型, archetype), 오리지널(original), 모델(model) 등으로 부르는데, 이것은 플라톤이 실재계를 말하면서 암시했던 단어들이다. 우리가 플라톤의 이원론적 구조를 그대로 차용해 쓰고 있음을 알 수 있다.

참고로, 라캉의 이론에도 실재계(the Real)라는 개념이 있다. 라캉은 인간의 심리적 존재 양태를 상상계(the Imaginary), 상징계(the Symbolic), 실재계(the Real)로 나눴는데, 이중에서 상상계와 상징계는 우리의 경험적 세계에 속하는 것이고, 실재계는 경험을 초월한 대상의 세계이다. 그러나 명칭만 똑같을 뿐 플라톤의 실재와 라캉의 실재는 전혀 다르다. 플라톤의 실재는 현상적 사물들의 원형 혹은 본질이지만 라캉의 실재는 우리 욕망의 궁극적 대상인 어떤 결핍, 비어있음(空, void), 아무것도 없음(無)을 지시하는 초경험적 대상이기 때문이다. 플라톤의 실재가 형상(形相, form)이라는 다른 이름을 갖고 있듯이, 라캉의 실재도 대문자 사물(The Thing)이라는 다른 이름을 갖고 있다. 공(空)에 다름 아닌 이 대문자 사물은 현실 속에서는 결코 표상될 수 없지만 현실을 구성하기 위해서는 반드시 전제되어야 할 어떤 것이다.

## 플라톤과 정치학

플라톤은 이데아의 세계와 현상계를 쉽게 설명하기 위해

죄수들이 평생 갇혀 살고 있는 어떤 동굴의 우화를 들려준다. 죄수들은 손과 발이 묶이고 목도 옆으로 돌리지 못하는 채 앞의 벽면만 바라보고 있다. 그들 뒤로는 불이 타오르고 있고, 불 앞으로 사람들이 동식물이나 인공적 물품들의 형상을 쳐들고 지나간다. 이 형상들이 불빛에 비쳐 죄수들 앞 벽면에 그림자를 드리운다. 마치 영화 스크린과도 같다. 앞만 바라보도록 되어 있는 죄수들은 영화관에 나란히 앉아 화면을 바라보는 관람객들처럼 벽면에 지나가는 그림자들을 본다. 그림자의 실제 모습을 본 적이 없으므로 죄수들은 그림자들을 실재로 생각한다.

플라톤은 이 죄수들의 운명이 바로 우리 인간의 운명이라고 말한다. 인간도 실재를 보지 못하는 채 한갓 실재의 그림자에 불과한 이미지들을 실재로 여기면서 평생 살아가고 있다는 것이다. 여기서 다시 한 번 우리는 플라톤의 우화와 현대의 미디어 비평이 그대로 일치하는 경험을 하게 된다.

죄수 중 누군가가 쇠사슬이 풀려 동굴 위 세계로 올라간다면 그는 태양이 비치고 실제의 사물들이 있는 선하고 실재(good and real)인 세계를 알게 된다. 드디어 그는 악과 무지 속에 살고 있는 동료 죄수들을 불쌍히 여기게 된다. 그들을 구출하기 위해 다시 내려오면 동굴 안의 죄수들은 이 사람이 힘들게 꼭대기까지 기어 올라갔다 오더니 이상한 사람이 되었다고 그를 경멸하고 조롱한다. 그가 쉽사리 자기 생각을 굽히지 않으면 그를 잡아 죽이려고까지 한다. 예수 그리스도의 기독교 사상을 강력하게 연상시키는 일화이다. 신플라톤주의가 초기 교부들의 기독교 사상에 끼친 막대한 영향을 이 단편적 일화에서도 확인할 수 있다.

플라톤의 인식론과 형이상학이 분명하게 드러나는 동굴의 우화는 그의 정치 이데올로기와도 밀접한 연관이 있다. 그에 의하면 무지 몽매한 죄수들의 동굴에서 기어 올라가 선(善, goodness)의 이데아를 본 사람만이 통치자가 될 수 있고 또 되어야 한다. 이처럼 참된 인식을 접한 사람들은 신적인 명상만 할 것이 아니라 아래 민중의 세계로 내려와 높은 통찰력으로 국가를 경영해야 한다. 이 지혜로운 자가 다름 아닌 '철인-통치자'(philosopher-ruler)이다. 한편 대중이 발휘할 수 있는 가장 큰 지혜는 올바른 통치자를 뽑는 현명한 선택이다. 이것이 『국가』의 주요 주제다.

플라톤은 추앙을 받는 만큼이나 많은 비판을 받았다. 민중을 경멸하는 귀족이라든가, 스놉(속물)이라든가, 또는 억압 사회의 옹호자라든가, 모든 자유주의적, 인도주의적 사상에 반대하는 전체주의자(totalitarian)라든가, 하다못해

인종주의자라는 말까지 듣는다. 그는 2천수백년을 앞서서 현대 계획경제의 창시자로 지목되기도 한다. 대표적으로 버트랜드 럿셀은 소련이 가장 플라톤적 원칙에 충실하게 경영되는 국가라고 말한 적이 있다. 우리의 주제는 예술이지만 그를 전체적으로 이해하기 위해 『국가』에 나오는 그의 정치적 견해를 간단히 살펴보기로 한다.

『국가』(영어 제목은 The Republic)는 플라톤이 52세 무렵(B.C. 375)에 쓴 책으로, 철인 통치의 개념이 고스란히 담겨 있다. 철인 정치가의 훈육이 목적이므로 이 책이 다루고 있는 내용은 방대하다. 형이상학, 인식론, 윤리학, 정치사상, 심리학, 교육학, 수학, 기하학, 천문학, 지리학, 시작법(詩作法), 예술론 등 그야말로 모든 인문주의 사상을 망라하고 있다. 총 10권 중 1권과 5권은 윤리학을 다루고 있고, 3권과 8권은 교육학, 7권은 인식론(theory of knowledge), 10권은 예술을 다루고 있다. 열 권으로 나뉜 것은 당시의 파피루스 두루마리의 길이 때문이었고, 오늘날에는 물론 한 권으로 묶여 있다. 이중에 정치사상은 8권에 들어있다.

우선 플라톤은 선택된 소수에 의해 나라가 운영되어야 한다는 것을 전제로 한다. 통치자를 선택하는 방식 중에서는 민중의 선택이 가장 나쁜 선택이 될 가능성이 있다고 그는 말한다. 왜냐하면 민중은 순박하여 쉽게 속임을 당하기 때문이다.

민중은 정치적 문제를 제대로 판단하지 못한다. 특히 외교나 경제에 대해서는 경험도 없고 전문 지식도 없다. 그들은 모든 것을 충동과 감정 혹은 편견에 의해서만 판단한다. 이런 결점은 리더십에 의해 극복되어야 한다. 그러나 여기서 두 번째 문제에 직면하게 된다. 민중이 지도자를 판단할 때 항상 옳은 판단을 하거나, 최선의 선택을 한다고는 믿을 수 없기 때문이다. 민주주의는 나쁜 리더십을 부추기는 경향이 있다.

민중적인 지도자(popular leader)는 가장 쉬운 방법으로 자리와 인기를 유지하려 한다. 민중의 호(好) 불호(不好)와 약점 단점들을 잘 이용하고, 그들에게 불쾌한 진실을 말하지 않으며, 그들을 불편하게 할 주장도 결코 하지 않는다. 고객의 눈치만 살피는 장사꾼처럼 그는 민중의 안색만 살필 뿐 결코 진실을 얘기하려 하지 않는다. 요컨대 포퓰리즘의 지도자는 민중에게 복지를 파는 세일즈맨이다. 그는 민중에게 많은 것을 약속하고, 빚을 탕감해 주고, 땅을 나누어 주면서 언제나 상냥하고 온유한 표정을 짓는다.

민주주의의 핵심적인 특징인 자유도 많은 문제를 안고 있다. 민주주의 사회에서 모든 개인은 자기가 하고 싶은 것을 할 자유가 있다. 이것이 민주적 사회를 매우 다양성 있고 매력적인 사회로 만든다. 그러나 그 결과는 파괴적이다. 사람들은 점차 정치적이건 도덕적이건 간에 모든 권위를 싫어하게 된다. 차츰 아버지들은 아들들에게 아첨하고, 선생들은 학생들에게 아부하며, 학생들은 선생들을 존경하지 않을 뿐만 아니라 경멸하기 까지 한다. 어른들은 자신들이 너무 엄격하거나 재미없는 사람으로 보이지 않을까 두려워 젊은이와 자주 어울리고 그들을 흉내 낸다.

　마침내 시민들은 아주 사소한 제한도 참을 수 없게 된다. 당연히 혼란이 일어난다. 사회적 응집력이 없는 곳에 필연적으로 불화가 싹트기 마련이다. 부자와 가난한 사람들 사이에 투쟁이 일어나고, 결국 계급간의 전쟁으로 귀착된다. 가난한 사람들에게 있어서 부자들은 세금 쥐어짜기에만 소용이 되고, 부자들 또한 가난한 사람들을 같은 태도로 본다. 민주주의가 표방하는 자유는 결국 한 나라의 자유가 아니라 두 나라(two nations)의 자유이다. 즉 좀 더 큰 파이 조각을 차지하려고 싸우는 부자와 가난한 사람들의 각기 다른 자유인 것이다.

플라톤은 민주 정체의 귀결인 혼란과 분열에서부터 참주(僭主)정치(tyranny)가 생겨난다고 보았다. 하기는 고대건 현대건 모든 독재자들은 처음에는 민중적 지도자로 시작하였다. 사회의 극도의 분열은 그 반동으로 극단적인 권위주의(authoritarianism) 체제를 낳기 마련이다. 독재자에 대한 플라톤의 관찰도 명쾌하다. 독재자는 라이벌을 용납하지 못하고, 아래 사람 중 탁월한 사람이 있으면 반드시 제거해 버린다. 자신의 실정(失政)에서 사람들의 관심을 돌리기 위해 끊임없이 전쟁이나 외부의 위기를 강조하기도 한다.

바로 오늘날 어디서 보거나 들어 본 이야기 같지 않은가? 2천4백여년 전 이야기라는 게 믿어지지 않는다. 포퓰리즘 정치의 폐단이나 독재자의 심리 상태의 묘사는 탁월하다. 그러나 포퓰리즘 혹은 독재 정치를 극복하기 위해 그가 내놓은 대안은 너무나 현실감이 없다. 철인정치가에게 지나치게 높은 지식과 인격을 요구하고 있기 때문이다. 현실 속에는 완벽한 지식과 인격을 갖춘 사람이 없음에도 불구하고 플라톤은 그런 정치가를 훈육으로 키울 수 있다고 생각했던 것이다.

인간의 지식은 한계가 있고, 그 누구도 자기 혼자의 지식만으로 모든 인간의 문제를 해결할 수 없으며, 정치 지도자가 반드시 평균적 인간 보다 도덕적으로 우수한 것도 아니다. 완벽한 지도자를 찾느니 오히려 권력을 제한하는 제도를 만드는 것이 더 합리적인 일일 것이다. 흔히 플라톤의 정치사상을 비판하는 사람들은 그가 보통 사람들을 너무 무시했다고 비판하는데, 오히려 그의 치명적인 오류는 통치자를 너무 과도하게 신뢰했다는 점인 듯하다.

### 플라톤의 예술노트

플라톤의 형이상학, 인식론, 교육학, 정치학 그 모든 것 중에서 예술론 부분만 발췌하고, 그 중에서 정수만 추려 엮어 보았다. 단순히 진리에서 세 단계 떨어졌다는 이유로 예술가를 국가에서 추방해야 한다고 말하는 플라톤의 예술론은 예술이 가장 중요하게 여겨지는 현대적 관점에서는 분명 시대착오적이다. 그러나 예술의 근본 원리인 미메시스(현실 모방) 이론의 기원이라는 점, 작품 속 세계를 지칭하는 디에제시스의 어원을 그의 시가론(詩歌論)에서 찾을 수 있다는 점 등에서 플라톤의 예술 이론은 시의적 생명력을 얻는다.

더 나아가 동굴의 우화는 현대 미디어 환경을 비판하는

데 더 할 수 없이 적절한 우화이다. 목이 앞으로 고정된 채 앞쪽의 벽면으로 지나가는 그림자들을 실재로 여기고 열심히 바라보는 동굴 속 죄수들은 하루 종일 TV 앞에 앉아 화면의 이미지를 실재인 양 믿고 있는 현대인들과 무엇이 다른가?

들뢰즈, 보드리야르 등의 시뮬라크르 이론, 데리다의 로고스 중심주의 비판, 푸코의 상사(相似, similitude)이론, 라캉의 욕망 이론 등을 이해하는 데에도 플라톤의 사상은 필수적이다. 그러나 플라톤의 방대한 저작을 다 읽기에 세상에는 읽어야 할 책들이 너무나 많고, 재미있는 전자기기는 너무나 많아서 책 읽기에 들일 시간은 지극히 한정되어 있다. 가장 효과적으로 그리고 가장 정확하게 플라톤의 원리를 깨우치는 방식을 우리는 모색해 보았다. 관심 있는 독자라면 여기서 출발하여 더 광대한 플라톤의 세계로 지적 등반을 할 수도 있을 것이다.

2013년 3월 박정자

# 향연

『향연』의 원제인 Sumposion은 헬라스(Hellas, 고대 그리스)어로 '함께 마신다'는 뜻이다. 특정 주제를 놓고 여러 사람들이 각기 자기 의견을 말하는 요즘의 토론회 또는 학술대회(symposium)의 기원이다. 그리스의 심포지움에서 함께 마시는 기능만 빠진 셈이다.

플라톤의 『향연』은 시인 아가톤이 마련한 역사상 가장 지적인 만찬이다. 소크라테스, 시인 아가톤, 희극배우 아리스토파네스, 의사 에뤼크시마코스, 시실리 침공의 장수인 알키비아데스 등 당대 아테네의 내로라하는 상층 엘리트들이 모두 한 자리에 모였다. 아가톤의 연극대회 우승을 축하하는 모임이었다. 여기서 사랑(에로스)이라는 주제를 가지고 나눈 이야기의 기록이 『향연』이다. 영어 번역본에서 에로스(Eros)는 그냥 love로 표기된다. 그러니까 향연의 대화자들이 에로스라고 말할 때 그것은 에로스 신이기도 하고, 우리가 일상적으로 말하는 사랑이기도 하다.

플라톤의 우화 중 후세에 가장 널리 알려진 인간 자웅동체(雌雄同體)설이 여기서 나온다. 최초의 인간의 상태를 아주 코믹하게 다루고 있는 아리스토파네스의 우화에서이다. 사랑은 완전함에 대한 갈구와 동경이라는 현대 문학의 영원한 주제가 여기에 그 기원이 있다.

그러나 소크라테스와 여 사제(司祭) 디오티마(priestess Diotima)와의 대화 형식을 통해 플라톤은 사랑이란 자신의 잃어버린 반쪽을 찾는 것이 아니라 '자신에게 좋은 것(the good)을 갖고 싶어 하는 것'이라고 사랑의 최종적인 정의를 내린다. '자신에게 좋은 것'이란 결국 '자신에게 유용한 것' 혹은 '자신에게 쓸모 있는 것'이라는 의미이다(『국가』 2권 379 b∼c). 온갖 낭만적인 미사여구의 포장에도 불구하고 사랑의 냉혹한 진실은 가장 극단적인 이기심이라는 게 여기서 증명되는 듯하다.

고대 그리스에서 동성애가 지식 사회에 만연했던 관행이었다는 것을 우리는 『향연』을 통해 알 수 있다. 동성애는 지성적인 사람들의 지적인 생활방식으로 여겨지고, 지식이 많은 성인 남자가 미소년에게 지식과 덕성을 전해 준다는, 일종의 청소년 교육의 개념까지 담고 있다. 즉 단순히 성적인 욕구의 충족이 아니라 지적 수준이 높은 남성들 사이의 지성적인 교류로 간주된다. 동성애자였던 미셸 푸코가 얼마나 고무되고, 자기 정당화를 발견했을지 쉽게 이해가 간다.

그러나 플라톤의 동성애는 절대미를 추구하는 과정이라는 점이 특이하다. 소년에 대한 사랑은 더 높은 천상의 아름다움으로 올라가기 위한 사다리로 여겨진다. 하나의 아름다움에서 시작하여 둘의 아름다움으로, 둘의 아름다움에서 모든 아름다움의 형태로, 아름다운 형태에서 아름다운 실천으로, 아름다운 실천에서 아름다운 개념으로, 그리고 마침내 절대적 미의 개념에 이르러, 미의 본질이 드러난다는 것이다.

여기서 플라톤의 이데아 사상, 그리고 분유(分有)의 개념이 잘 드러난다. 현상계의 수많은 사물들은 이데아의 성질을 나눠 가짐으로써 그 고유의 성질을 갖게 되었다는 것이 분유(partake)의 개념이다. 이것은 기원 후 2~3세기 신 플라톤주의자들의 일자(一者, the One), 근거 등의 사상의 핵심적인 기초가 된다.

영어 원문에서 '사랑 받는 소년'은 the beloved, beloved youth 혹은 their loves로, '사랑하는 어른 남자'는 the lover로 되어 있다. the lover를 애자(愛者)로 옮긴 번역문의 표기를 따랐다.

인생을 새로 시작하는 젊은이에게는 덕성스러운 애자(愛者, virtuous lover)를 얻는 것, 또 애자에게는 사랑스러운 소년(beloved youth)을 얻는 것보다 더 큰 축복이 없다고 나는 생각해요. 사실, 사람의 일생을 통하여 훌륭한 생활을 할 수 있도록 이끌어 주는 것은 좋은 가문이나 높은 지위나 부귀나 이 밖의 다른 어떤 것도 아니고 오직 사랑입니다.

사랑은 젊은이에게 명예가 무엇인지 또 불명예스러운 일이 무엇인지에 대한 분별력을 심어줍니다. 이 두 가지, 즉 불명예스러운 일을 부끄러워할 줄 알고, 명예로운 일에 몸 바칠 줄 모르면 국가나 개인이나 위대하고 훌륭한 일을 성취할 수 없어요. 만일 애자(愛者)가 어떤 부끄러운 일을 하다가 들키거나 또는 남에게 모욕을 당하면서도 비겁한 탓으로 그것을 감수했다고 합시다. 그는 자기 아버지나 친구 혹은 다른 그 누구보다도 자기가 사랑하는 소년이 그걸 보는 것을 가장 괴로워할 걸요.

사랑받는 소년도 마찬가지예요. 어떤 수치스러운 상황에 놓일 때 다른 사람보다도 특히 그의 애자가 그걸 보는 것을 가장 부끄러워할 겁니다. 만일 국가나 군대가 오직 애자들(lovers)과 애(愛)소년들(their loves)로만 구성된다면 그들은 더 할 수 없이 나라를 잘 지킬 걸요. 왜냐하면 그들은 비열한 짓은 멀리하고 훌륭한 일만 하려고 경쟁할 테니까요. 그들이 전장에서 나란히 싸우면 그 군대는 비록 병정의 수는 적을지라도 온 세계를 정복하고도 남음이 있을 겁니다.

애자는 자기가 전열을 이탈하거나 무기를 버리는 것을 그의 소년이 보는 것을 이 세상의 다른 어떤 사람이 보는 것보다도 더 싫어하며, 이런 꼴을 보이느니 차라리 골백번이라도 죽는 것을 택할 걸요. 세상에 자기가 사랑하는 자를 버리고 도망가는 자가 어디 있으며, 위험한 때에 그를 그냥 내버려두는 자가 어디 있겠어요? 사랑하는 사람이 위기에 처할 때에는 아무리 겁이 많은 사람이라도 태생적으로 용감한 자에 못지않게 용감하게 될 거에요.

'신은 영웅들의 가슴 속에 용기를 불어넣어 주었다'고 호메로스(Homer)가 말했듯이, 에로스는 사랑하는 사람들의 마음속에 자신의 성질을 불어넣어 줍니다. 남을 위해서 죽는 일, 이건 오직 사랑하는 자들만이 결심하는 일이에요. 트로이 전쟁의 영웅 아킬레우스(Achilles)의 고사도 그걸 증명해 줍니다. 헥토르(Hector)를 죽이지 않으면 집에 돌아와 장수하리라고 어머니가 예언했음에도 불구하고 아킬레우스는 자신의 애자 파트로클로스(Patroclus)를 도와주러 갔

고, 파트로클로스가 죽으매 그 복수를 하였으며, 그 애자의
뒤를 따라 용감하게 최후를 마쳤지요.

## 파우사니아스(Pausanias) - 두 가지 종류의 에로스

저속한(common) 아프로디테(Aphrodite)에 속하는 에로
스는 정말 저속하고 품위라고는 없습니다. 이들은 소년을
사랑하기도 하지만 그만 못지않게 여자를 사랑해요. 또 영
혼보다는 육체를 더 사랑합니다. 이들은 목적을 달성할 생
각만 있을 뿐 그 목적을 고귀하게 완수할 생각은 전혀 없
어요. 이런 사랑을 받는 사람은 정말 한심한 존재이지요.

그러나 고귀한 아프로디테에 속하는 에로스는 여성이 배
제된 남성에게서만 태어납니다. 소년에 대한 사랑이 바로
이것이죠. 이 에로스의 영기를 받은 사람들은 남성에게로
향합니다. 이 사람들은 본래 더욱 용맹하고 더욱 지력이 뛰
어난 자를 좋아하니까요.

그들은 단순히 소년을 사랑하는 것이 아니라 이성이 발
달하기 시작하는 지성적인 존재를 사랑하는 것입니다. 수
염이 나기 시작할 즈음이 그 때입니다. 이때쯤부터 소년을
동반자로 삼기 시작하는 사람은 일생을 통하여 항상 그와

함께 있으며 또 함께 생활할 각오를 하고 있어야 해요. 아직 철들지 않은 어린 소년을 얻었다가 나중에 그를 속이고 조롱하며 다른 소년한테로 가는 일은 하지 않아야 합니다.

어린 소년들에 대한 사랑은 법으로 금지되어야 해요. 앞으로 어떻게 될지 모르는 불확실한 것에 대해 많은 정력을 소비한다는 것은 좋은 일이 아니니까요. 어린 소년은 그 영혼이나 육체가 나중에 훌륭하게 되는지 아니면 신통치 못하게 될지 알 수 없으니 말입니다. 이 문제에서 바람직한 것은 스스로 자기 계율을 정하는 것입니다. 그러나 야비한 애자들에게는 이 법을 강제적으로 부과해야겠지요. 이미 자유로운 신분의 부인들과 사랑을 하지 못하도록 우리가 이들을 강제하고 있듯이 말입니다. 사실 이들 때문에(소년에 대한) 사랑 전체가 비난의 대상이 됩니다. 소년애(少年愛)는 적절치 못하고 사악하다고 하면서 그 합법성을 부정하는 사람까지 있는 게 사실이에요. 그러나 법에 따라 절도 있게 한 일이 공공연하게 비난받으면 안 돼죠.

이곳과 라세데몬(Lacedaemon)에서는 사랑에 대한 규칙이 매우 복잡합니다. 그러나 대부분의 나라에서는 단순하고 간결하여 이해하기가 쉬워요. 엘리스(Elis)와 보에오티아(Boeotia), 그리고 웅변술의 재능이 없는 나라들에서는 사랑의 규칙이 매우 직설적이에요. 그 나라들의 법률은 이런 관계에 대해 매우 호의적이고, 젊은이건 늙은이건 이런 사랑을 나쁘게 말하는 사람은 아무도 없어요. 그들은 과묵한 사람들이고, 따라서 괜히 변론이랍시고 해서 문제를 일으키는 것을 좋아하지 않기 때문에 그런가 봐요. 그러나 이오니아(Ionia)와 그 외 지역들, 그리고 야만인의 영향을 받는 곳에서는 어디서나 이런 일이 부끄러운 것으로 여겨지고 있습니다. 그곳에서는 철학이나 체육과 마찬가지로 소년애를 아주 나쁘게 생각해요. 왜냐하면 소년애는 전제 정치와는 상극이니까요(they are inimical to tyranny).

소년애가 왜 전제정치와 상극인가 하면, 지배자들은 백성이 빈약한 정신을 갖고 있기를 바라기 때문이지요. 전제 군주들은 강한 우정과 단결심이 있는 백성들을 좋아하지 않아요. 그런데 소년애는 이런 덕목들을 고취하거든요. 우리 아테네의 전제 군주들도 경험을 통해 이것을 잘 알고 있어요. 아리스토게이톤(Aristogeiton)의 사랑과 하르모디오스(Harmodius)의 굳은 우정이 그들의 권력을 뒤집어엎어 버린 적이 있으니까요. 그러므로 소년애에 대한 나쁜 평판은 통치자의 이기주의와 백성들의 비겁함 때문입니다.

그러나 무턱대고 모든 소년애가 다 좋다고 하는 건 아닙니다. 그렇게 말한다면 그건 정신의 게으름을 보여주는 거 겠죠. 공개적으로 사랑하는 것이 몰래 사랑하는 것보다 나 으며, 또 외모가 좀 떨어져도 고귀하고 지체 높은 사람을 사랑하는 것이 특히 좋은 일입니다. 그렇게 하면 온 세상이 아낌없이 애자를 격려할지언정 결코 그가 부끄러운 일을 한 다고 생각하지는 않을 거에요.

물론 성공했을 때 아름다운 일로 여겨지고, 실패하면 비 난을 받게 마련입니다. 우리의 관습은 애자가 성공하기 위 해서 한 일이라면, 다소 이상한 행위도 허용합니다. 예를 들어 만일 권력이나 자리를 탐하여 혹은 사적인 이익으로 사랑이 행해졌다면 그것은 철학자들에게 가혹한 비난을 받 을 거에요. 가령 상대방의 집 현관 매트 위에 꿇어 앉아 애 걸하고, 간청하고, 탄원하고, 맹세하고, 거짓말 하며, 어 떤 노예도 하지 않을 천한 일을 자진해서 한다면, 친구와 적(敵)을 불문하고 모두가 그에게 이런 행위를 하지 못하도 록 할 겁니다. 하지만 그것이 사랑을 위한 것이라면, 그 어 떤 친구도 그를 부끄럽게 생각하거나 비난하지 않고, 그 어 떤 적도 그에게 아부 근성과 야비한 태도가 있다고 욕하지 않을 것입니다. 이런 행위들로 오히려 애자는 고귀한 사람 이 되며, 관습은 그것들을 매우 바람직한 일로 받아들이죠.

사랑의 과정에서의 그런 행동은 전혀 인격을 손상시키지 않는 것이라고 생각하는 것이에요. 오직 애자만이 그의 맹세를 깨뜨리고서도 신들의 용서를 받는다고 사람들이 말하지 않습니까. 사랑의 맹세만큼 고귀한 것은 없기 때문이지요.

이렇듯 신들도 사람들도 모두 애자에게 완전한 자유를 주고 있어요. 그러니까 아테네에서는 사랑하고 사랑 받는 것이 모두 전적으로 명예로운 일로 여겨지고 있다고 생각해도 잘못이 아닐 거에요. 그러나 아버지들이, 자기 아들에게 애자와 더불어 이야기하지 못하게 하고, 가정교사에게 이것을 감시하게 하고, 동년배의 친구들에게 아들의 행동을 마구 지껄이고 다니게 내버려 둔다면, 그리고 또 이런 막말을 어른들이 보고도 말리지 않으며, 쓸데없는 짓을 한다고 꾸짖지도 않는다면, 여기서는 그런 사랑이 아주 추악한 일로 여겨지고 있구나, 라고 생각하게 될 겁니다.

그러나 그런 행위가 명예로운 일인가 불명예스러운 일인가를 결정하는 것은 그리 단순한 문제가 아니에요. 아까도 말했지만, 그 자체로 명예롭거나 불명예스러운 것이 있는 게 아니요, 명예롭게 행하면 명예로운 것이 되고 부끄럽게 행하면 불명예스러운 것이 되는 겁니다. 악에 몸을 내맡기거나 혹은 악한 행동을 할 때 불명예가 생기고, 선에 몸을 내맡겨 선한 행동을 하면 거기서 명예가 생기지요.

그런데 영혼보다 육체를 더 사랑하는 저속한 애자야말로 흉악한 사람입니다. 그 사람은 오래 가지 못하는(unstable) 것을 사랑하기 때문에 그 자신도 오래 가지 못해요(he is not stable). 그가 욕망하던 젊음의 꽃이 시들면 그는 그 모든 약속과 기약을 저버린 채 날개를 달고 날아가 버려요. 이에 반해, 고귀한 심성의 사랑은 평생을 갑니다. 왜냐하면 고귀한 심성이란 영속하는 것과 매한가지(it becomes one with the everlasting)이기 때문입니다.

우리나라의 관습은 이런 것들을 철저히 검증하도록 하여 한쪽의 애자에게 마음을 주고 다른 쪽의 애자는 피하게 해 줍니다. 그리하여 한쪽 사람과는 계속 사귀도록 하고 다른 쪽의 사람으로부터는 달아나도록 합니다. 애자들과 소년들에게 여러 가지 과제와 시련을 주어 그들이 각각 어떤 종류의 애자와 소년인가를 결정짓는 것이지요. 이런 여러 가지 근거에서, 첫째 너무 성급한 사랑은 바람직하지 못합니다. 왜냐하면 모든 일이 그렇듯이 시간이야말로 가장 믿을 만한 시금석이기 때문입니다. 둘째, 돈이나 재산 또는 정치적 권력의 유혹에 넘어가는 것은 매우 부끄러운 일입니다.

비록 그것들을 잃을까 두려워 할 수 없이 선택했거나, 혹은 돈의 이득과 정치적 부패를 경험한 후 그 유혹을 떨쳐버리기 어려워 그렇게 했다 하더라도 말입니다. 활달한 우정이 이런 것들로부터 싹터 나올 수 없음은 물론이려니와, 이것들 자체가 결코 영구하게 지속되지도 않지요. 소년에게 허용된 애정의 행태 중 유일하게 고귀한 것이 있으니, 그것은 덕의 방법입니다. 사실 우리나라의 관습에서, 애자가 소년에게 하는 봉사는 비굴로 여겨지지 않으며, 아첨이라는 비난도 받지 않아요.

그리고 이 두 가지 관습, 즉 소년애와 애지(愛知, philosophy) 및 덕의 실행은 한데 합쳐져 하나가 됩니다. 이때 비로소 소년은 자신의 애자를 진정 기쁘게 할 수 있어요. 사실, 애자와 소년이 각기 자기의 법도를 가지고 함께 모여 뜻을 같이 하게 될 때, 즉 애자는 자기의 아름다운 소년에게 무슨 일이든 옳은 일이라면 서슴지 않고 해주며, 또 소년은 소년대로 자기를 현명하고 훌륭한 사람이 되게 해주는 사람을 성심으로 받들 때, 다시 말하면 어른은 지혜나 그 밖의 다른 덕을 증진시켜 줄 수 있고, 소년은 이것을 자기의 교육과 지혜를 위해 얻고자 할 때, 이렇게 두 사랑의 법도가 서로 맞부딪칠 때, 오직 이때에만 소년과 애자의 사랑은 고귀하게 되는 것입니다. 사랑이 이처럼 아무 사심 없이 이루어질 때에는 속는 것도 치욕이 아니에요. 다른 모든 경우에는 속거나 속이는 것이 모두 추하지만 말입니다.

가령 어떤 소년이 어떤 애자를 부자라고 생각하여 가까이 했는데 그 애자가 사실은 부자가 아니어서 아무런 이득도 얻지 못한 것에 실망했다면, 그건 망신스러운 일이지요. 이런 사람은 돈을 위해서라면 누구에게든 어떠한 봉사라도 할 용의가 있음을 보여준 거 에요. 이런 일은 결코 고귀한 일이 아닙니다. 그런데 어떤 사람이 다른 어떤 사람을 훌륭한 사람이라 믿고, 그 사람을 사랑하면 자기 자신도 더욱 훌륭한 사람이 되리라 기대하고, 성심성의껏 그를 따랐는데, 나중에 그 사람이 좋지 못한 사람이요, 덕 없는 사람임이 드러나, 완전히 속았다는 것이 드러난다면, 비록 속임수를 당했다는 것은 잘못이지만 그 잘못은 고귀한 잘못이라 할 수 있어요. 그는 덕을 위해서라면, 그리고 더 좋은 사람이 되기 위해서라면 누구에게든지 무슨 일이라도 해주려는 성품이 있음을 보여 주었으니까요. 이보다 더 고귀한 일이 없어요. 그러니까 덕을 위해 타인을 받아들이는 것은 매우 고결한 일입니다. 애자나 소년을 똑같이 고상하게 만들어주는 이 사랑은 천상의 여신에 속하는 사랑으로, 나라를 위해서나 개인을 위해서 매우 귀중한 것입니다.

## 에뤼크시마코스(Eryximachus) - 에로스는 화합

파우사니아스의 연설은 처음은 좋았으나 마지막이 신통치 않았어요. 내가 결말을 훌륭하게 지어줘야겠습니다. 그는 에로스에 두 가지가 있다고 했는데, 이렇게 에로스를 둘로 나눈 것은 옳았다고 보아요. 내 직업인 의술을 가지고 이 신이 얼마나 위대하며 놀라운 존재인가를 알게 되었고, 또 인간이나 신의 모든 일에 그 세력을 미치고 있다는 것을 알게 되었어요. 그는 비단 사람들의 영혼 속에만 있는 게 아니라 다른 모든 것 속에 있습니다.

에로스는 생명 있는 모든 동물의 몸 안에 있고, 또 땅위에서 자라는 모든 식물 속에도 있어요. 아니, 존재하는 모든 것 속에 있다고 하는 게 낫겠습니다. 의학에 관한 이야기부터 하자면, 신체의 본성 속에는 두 가지 에로스가 있어요. 그것들은 서로 같지 않고, 다르며, 또 각기 같지 않은 것에 대한 사랑과 욕구가 있습니다. 건강한 에로스의 욕구가 있는가 하면 건강하지 못한 에로스의 욕구도 있어요.

파우사니아스가 방금 말했듯이 좋은 사람과 사귀는 것은 명예로운 일이요, 나쁜 사람과 사귀는 것은 수치스러운 일이에요. 신체 안에서도 선하고 건강한 요소는 아껴야 하지만 건강하지 못하고 악한 요소들은 억제되어야 합니다. 의

사가 할 일이 바로 이것이에요. 왜냐하면 의학이란 신체의 사랑과 욕구에 대한 지식이며, 그것들을 만족시키는 방법이기 때문이죠.

명의란 아름다운 사랑과 추한 사랑을 구별하고, 나쁜 것을 좋은 것으로 변환시키며, 나쁜 것은 뽑아버리고, 필요하면 새로운 것을 심어주는 사람입니다. 몸 안에 들어있는, 서로 불화하는 요소들을 화해시키고 그것들을 서로 친구가 되게 만드는 사람이 유능한 의사란 말입니다.

그런데 가장 불화하는 것들이란 서로 가장 반대되는 것들, 즉 더운 것과 찬 것, 쓴 것과 단 것, 마른 것과 젖은 것 등등이지요. 우리의 조상 아스클레피오스(Asclepius)는 이런 것들 속에 사랑과 화합을 집어넣어 주는 방법을 알고 있었기 때문에 의학의 창시자가 되었습니다. 온갖 종류의 의학과 함께 체육과 농업도 에로스 신의 지배를 받습니다.

음악 안에도 역시 서로 상반되는 것들의 화합이 있다는 것은, 조금만 관심 있는 사람이면 알 수 있는 일이에요. 표현은 다소 분명치 않았지만 헤라클레이토스(Heracleitus)가 한 말이 바로 그것입니다. 그는 이렇게 말했죠. "마치 활과 칠현금이 조화를 이루듯이, 일자(一者, the One)는 분리된 것들에 의해 하나로 결합 된다"(The One is united by disunion, like the harmony of the bow and the lyre). 화음 (harmony)이 불일치(discord)라거나 혹은 서로 불일치를 이루고 있는 요소들로 구성되어 있다고 하면 얼핏 터무니없게 들릴 것입니다.

그러나 그의 말은, 높은 음과 낮은 음이 처음에는 서로 달랐으나 음악의 기술(the art of music)에 의해 화해를 이룬 것이 화음이라는 이야기일 겁니다. 왜냐하면 높은 음과 낮은 음이 언제까지나 불협화(disagreed)를 이루고 있으면 거기에 화음(harmony)이란 있을 수 없기 때문이죠. 화음이란 협화음(symphony)이요, 협화음이란 일치(agreement)입니다. 만일 그것들이 계속 일치하지 못하고 있다면 불협화들의 협화(agreement of disagreements)란 있을 수 없지요.

마찬가지로 리듬도 빠른 음과 느린 음으로 되어 있는데, 처음에는 서로 어울리지 않다가 나중에 서로 협조하게 되는 겁니다. 의학이 그렇듯이 음악도 그것들 사이에 에로스를 심어주어 사랑과 화합(unison)이 자라나게 하지요. 그러니까 음악이 화음과 리듬을 만들어내는 것 역시 사랑의 원칙과 같습니다. 화음과 리듬의 기본적인 성질 속에서 사랑을 찾아내는 일은 어렵지 않아요. 이 사랑이 나중에 서로 상대방의 사랑과 화답을 하게 됩니다.

여기서 다시 우리는 아름다운 천상(天上)의 에로스에 관한 앞의 얘기를 반복해야겠어요. 아름다운 천상의 에로스는 침착한 사람(the temperate)이나, 아직 침착하지 않더라도 나중에 그러하게 될 사람을 받아들이고, 그들의 사랑을 보호해 줍니다. 한편 천박한 에로스에 대해 말하자면, 그쾌락을 신중하게 사용하여 방종에 흐르지 않도록 해야 돼요. 의학도 미식가의 욕망을 조절하여 식탐에 따르는 질병에 걸리지 않고 미각을 잘 즐길 수 있도록 해 주잖아요.

계절의 운행도 이 원칙들로 충만해 있습니다. 앞에서 말한 뜨거운 것과 차가운 것, 축축한 것과 마른 것 등의 요소들은 한데 섞여 서로 조화롭고 고요한 사랑에 이르고, 인간과 동물 그리고 식물들에게 건강과 풍요를 줄지언정 아무런 해도 끼치지 않습니다. 그러나 방종한 사랑은 거만하게 계절들을 지배하면서 모든 것을 파괴하고 해악을 끼쳐요. 그래서 나쁜 병의 원인이 되고, 동물과 식물들에 수많은 질병들을 가져다주기도 합니다. 서리와 우박, 그리고 식물들을 말라 죽게 하는 병은 이러한 사랑의 무질서와 과도함에서 나오는 것이죠. 천체의 운행과 계절에 비추어 이런 것들을 아는 것이 바로 천문학이에요.

희생의 제물을 바치는 제사(sacrifices)나 점(占)치는 일

(divination)은 결국 신과 인간이 서로 교통하는 것인데, 따지고 보면 그것들은 모두 나쁜 에로스로부터 인간을 보호하고 치유하기 위한 것이에요. 왜냐하면 부모에 대한 불효나 신에 대한 불경은 조화로운 에로스를 받들고 찬미하고 공경하지 않기 때문에 생기는 일이기 때문입니다. 이런 까닭에 점술(占術)이 해야 할 일은 이 두 가지 에로스를 감시하고 그 병폐를 고치는 것이에요. 인간의 사랑 안에 들어있는 종교적 혹은 비종교적 경향들의 지식을 통해 신과 인간들 사이를 평화롭게 만들어주는 것이 점치는 일의 목적입니다.


### 아리스토파네스(Aristophanes) - 자웅동체설의 우화

예전에는 인간의 자연적 상태가 현재와 같지 않았네. 처음에는 성(gender)이 세 가지가 있었지. 지금은 남성과 여성의 두 가지 성만 있지만 예전에는 이 둘을 다 가지고 있는 제3의 성이 있었어. 현재는 자웅동체(雌雄同體, androgynous)라는 명칭만 남아서, 비난하는데 쓰일 뿐이지. 사람의 모양이 아주 둥글었는데, 등과 옆구리가 둥그렇게 뺑 뚫려 있었어. 그리고 팔이 넷 다리가 넷 있었고, 둥근 목 위에 똑같이 생긴 얼굴이 둘 있었지. 머리는 하나 있었는데 거기에 얼굴이 반대 방향으로 둘 있었고, 귀가 넷, 음부가 둘이 있었네.

남성은 태양에서 태어났고, 여성은 대지에서, 남여성은 달에서 태어났지. 저들은 무서운 힘과 기운을 가지고 있었고, 그들의 야심은 대단해서, 신들을 공격했네.

이에 제우스와 다른 신들이 어떻게 하면 좋을까 회의를 열었어. 제우스가 "인간을 그대로 생존하게 하면서 그들을 지금보다 약하게 하면 난폭한 짓을 그만두게 할 수 있을 것 같소. 모든 사람을 두 동강이로 쪼개려 하오. 이렇게 하면 그야말로 일거양득이오. 즉 그들은 지금보다 약하게 될 것이고, 또 그 수가 늘어날 테니 우리에게 더 유리하게 될 것이요. 그들은 두 다리로 똑바로 서서 걷게 될 것이오. 만일 그들이 앞으로도 계속해서 난폭한 짓을 하며 시끄럽게 굴면 나는 이렇게 쪼개기를 다시 하겠소. 즉 그들의 몸뚱이를 다시 양단하겠단 말이요. 그렇게 하면 그들은 한 다리로 깡충깡충 뛰면서 걸어 다니게 될 것이요"라고 말했지.

그리고 그는 마치 마가목 열매를 절여서 저장하려 할 때 열매를 두 조각으로 자르듯, 혹은 잘 삶은 달걀을 머리카락으로 가르듯, 사람들을 한 가운데서 잘라 두 조각으로 쪼갰어요. 한 사람 한 사람 이렇게 쪼개면서 그는 아폴론 (Apollo)에게 사람들이 온순하게 되도록 그들의 얼굴과 반

조각의 목을 회전시켜 자기 자신의 상처를 보게 하라고 명령했어요. 그리고는 그 상처를 아물게 해주라고 일렀지요. 그래서 아폴론은 사람의 얼굴을 돌리고, 지금 배라고 불리는 부분에 살가죽을 모아 합쳤어요. 마치 끈을 잡아당겨 여닫는 돈지갑처럼 말이에요. 그리고 조그마한 입을 하나 만들어 배의 한가운데다 붙였지요. 이것이 배꼽입니다.

그리고 그는 구두 짓는 직공이 구두 골 위에 가죽을 대고 그 주름을 펼 때 쓰는 것과 비슷한 연장을 써서 거기에 생긴 주름살을 대강 펴주었고 또 가슴을 반듯하게 만들어주었어요. 다만 배꼽과 배 주변에 있는 주름살만은 몇 개 그냥 남겨 두어 과거에 있었던 일을 상기하게끔 했지요. 그래서 본래의 몸이 갈라졌을 때 그 반쪽은 각각 다른 반쪽을 그리워

하고 다시 한 몸이 되려고 했어요. 서로 목을 끌어안고 꼭 붙어 있으려 했으며, 서로 헤어져서는 아무 일도 하려 하지 않았기 때문에 결국 굶어 죽고 말았습니다.

두 반쪽의 하나가 죽고 다른 하나가 남게 되는 경우에는 남게 된 반쪽이 다른 또 하나의 반쪽(another mate)을 찾아 헤매었고, 찾으면 끌어안았어요. 이런 경우 그는 본래 여자였던 사람의 반쪽 ─ 이걸 우리는 여자라고 부르고 있지요 ─ 을 만나는 수도 있었고, 혹은 본래 남자였던 사람의 반쪽을 만나는 수도 있었어요. 제우스는 그들을 가엾게 여겨 또 한 가지 방안을 생각해 내었지요. 즉 그들의 음부(parts of generation)를 앞에다 옮겨 놓았던 것입니다.

그 전에는 음부도 바깥쪽에 있었고, 저희끼리 교접하는 것이 아니라 메뚜기처럼 땅 속에 정자를 넣는 방식으로 자식을 낳았는데, 이제부터는 한 남자와 여자가 서로 포옹함으로써 자식을 낳아 자손이 계속될 수 있게 했어요. 또 남자와 남자가 만나면 서로 만나는 것만으로 만족하여 유유자적 편안히 쉬며 생업에 종사할 수 있게 했구요.

이렇듯 서로를 향한 사람들의 욕구는 먼 옛날부터 우리들 속에 심어져 있는 것입니다. 그건 본래 몸뚱이의 부분을 다시 한데 모아 둘에서 하나가 되어 인간 본연의 모습을 회복하려 하는 거지요. 그런즉 우리들 각자는 한 인간의 반쪽입니다. 마치 넙치처럼 쪼개져서 하나에서 둘이 생겨나온 거지요. 그래서 사람마다 자기의 다른 반쪽을 찾는 거에요.

한편 남,여성이라 불린 성을 가진 사람을 쪼개서 생긴 남자는 모두 여자를 좋아합니다. 간부(姦夫)들은 대개 이 성에서 나오지요. 또 남자들을 쫓아다니는 모든 여자들도 여기서 나오구요. 옛날에 여자였던 사람을 쪼개서 나온 여자들은 남자들에 대한 관심이 별로 없고, 오히려 여자들에게 마음이 끌립니다. 여자끼리 동성애하는 사람들은 여기서 나오는 겁니다. 그리고 남자를 쪼개서 나온 사람들은 남자를 찾아 얻으려 하며, 아직 소년일 때에는, 자기들이 남성의 반쪽인 까닭에 어른 남자들을 좋아하여, 그들과 함께 눕고 그들을 끌어안기를 좋아하지요.

이런 소년들은 청소년들 가운데 가장 우수한 자들(the best of boys and youths)입니다. 왜냐하면 진정 사내다움(the most manly nature)을 가졌기 때문이지요. 어떤 이는 그들을 파렴치하다고 하지만, 그건 당치 않은 말입니다. 그들로 하여금 이런 일을 하게 하는 것은 파렴치가 아니요, 오히려 용맹스럽고, 사내답기 때문에, 그리고 또 잘생긴 용모(valiant and manly, and have a manly countenance) 때문이지요. 장성해서 정치가가 되는 것은 오직 이런 사람들 만이라는 사실에서 그것을 알 수 있어요.

어른이 되면 그들도 소년들을 사랑하는 애자가 됩니다. 결혼해서 가정을 이루는 일에는 본성상 관심이 없어요. 만일 결혼을 한다고 해도 그것은 관습 때문이지요. 그들은 결혼하지 않고 저희끼리 함께 사는 것에 만족합니다. 이런 사람은 언제나 소년의 애자가 되며 또 애자를 사랑하는 소년이 되기 쉽습니다. 그는 언제나 자기와 닮은 자를 좋아하니까요.

### 아리스토파네스 - 사랑은 완전함에 대한 동경

소년과 애자는 우정과 친밀감과 사랑에 사로잡혀서 잠시라도 떨어져 있을 수 없게 됩니다. 그렇게 일생 동안 함께 지내는 거예요. 그러나 그들은 피차 자기가 상대방에게서 무엇을 원하는지 설명할 수 없어요. 사실 그들이 이토록 열렬하게 짝짓기를 원하는 것이 성욕 때문이라고는 생각할 수 없어요. 분명히 그들 각자의 영혼은 무언가 다른 것을 찾고 있습니다.

그게 무엇인지 말로 표현할 수는 없으나, 자기가 원하

는 것을 스스로 예감하며 또 수수께끼 같은 말로 말하는 겁니다. 그래 그들이 함께 누워 있을 때에 헤파이스토스 (Hephaestus, 대장장이의 일을 주관하는 신)가 연장을 가지고 그들 곁에 서서 "너희들은 도대체 서로 상대방에게서 바라는 것이 무엇인가?"라고 묻고, "너희가 원하는 것은 그저 될 수 있는 대로 밀접하게 붙어 밤이나 낮이나 떨어져 살지 않는 것인가? 이것이 너희의 소원이라면 나는 너희를 녹여 용접시켜 줄 용의가 있다. 그렇게 되면 너희는 두 몸이 한 몸으로 될 것이요, 생전에는 한 몸으로 살고, 죽은 후 지하세계로 갈 때도 한 몸으로 가게 될 거야. 이게 너희들의 열망인지, 또 이렇게 되면 너희가 만족하겠는지 생각해 보아라"라고 말한다면 저들은 아무도 반대하지 않을 것이요, 또 다른 아무것도 원치 않을 겁니다. 누구나 자기가 오래 전부터 바라던 것, 즉 사랑하는 이와 하나가 되고 용접하여 두 몸이 한 몸으로 되고 싶다는 것을 다시 한 번 생각할 거 에요. 그 이유인즉 인간은 원래 하나였고, 전체(human nature was originally one and we were a whole)였기 때문이지요. 온전한 것에 대한 욕망과 그것에 대한 추구가 곧 사랑이라고 불리는 겁니다(the desire and pursuit of the whole is called love).

이미 말한 바와 같이 옛날에는 우리가 온전한 하나였지만, 사악한 일을 했기 때문에 신에 의하여 찢긴 겁니다. 온 인류가 행복하게 되는 길은 사랑을 완전하게 하며, 사람마다 자기 자신의 소년을 얻어 본연의 모습으로 되돌아가는 것이에요. 이것이 가장 고귀한 일이라고 하면, 그것은 다름 아닌, 우리 마음에 가장 맞는 소년을 얻는 것이에요. 그런즉 이런 일을 성취시켜 주는 에로스 신을 찬미하여야 합니다.

### 아가톤(Agathon) - 우아하고 섬세하고 아름다운 에로스

지금까지 말씀한 분들이 모두 그 신을 찬미하지는 않고 다만 그 신이 사람들에게 준 여러 가지 좋은 것을 보고 그 사람들의 행복을 찬탄한 데 지나지 않았던 것 같아요. 우리는 먼저 그의 본성을 찬미하고 그 다음에 그가 주는 여러 가지 선물을 찬미해야 합니다. 나는 에로스가 모든 축복받은 신들 가운데 가장 축복받은 신인데, 그것은 그가 가장 아름답고 가장 훌륭하기(the fairest and best) 때문이라고 생각해요. 어떻게 그가 가장 아름다운지를 이제부터 설명해 보기로 합시다.

첫째 그는 신들 가운데 가장 젊은 신이에요. 여기 유력한 증거가 있어요. 그는 저 노년 - 우리들 모두에게 그렇게 도 빨리 들이닥치기 때문에 아주 발걸음이 빠르다는 것이 분명한 저 노년 - 으로부터 전속력으로 도망치는 겁니다. 에로스는 그 본성상 노년을 싫어하며 거기 가까이 가려 하지 않아요. 오히려 그는 언제나 청년과 사귀며 짝합니다. '비슷한 것끼리 언제나 모인다'라는 옛 속담은 언제나 맞는 이야기이지요.

이 신의 부드러움을 묘사하려면 호메로스와 같은 시인의 재주가 있어야 해요. 호메로스는 아테(Ate)를 두고 말하기를 '부드럽도다 그녀의 발은, 땅에/ 닿는 일 없고/ 사람들의 머리 위로 걸어 다니니'라고 했습니다.

비슷한 말로 에로스의 부드러움을 설명해 보기로 합시다. 사실 그는 땅 위를 걷지도 않고 또 머리 위를 걷지도 않아요. 땅이나 사람 머리가 세상에서 가장 부드러운 건 아니에요. 그는 만물 가운데 가장 부드러운 것 위를 걸으며 또 그 속에 거주합니다. 그건 신들과 사람들의 마음과 영혼 속이에요. 그렇다고 어느 영혼 속에나 예외 없이 들어있는 건 아닙니다. 굳은 마음을 가진 영혼에서는 곧 떠나며, 부드러운 영혼 속에만 자리 잡아요. 이렇듯 부드러운 것 가운데 가장 부드러운 것 속에 보금자리를 틀고 있기 때문에 그 자신 또한 부드럽지 않을 수 없답니다.

그는 정말로 가장 젊고 가장 부드러우며, 몸매가 나긋나긋합니다. 만일 그의 몸이 뻣뻣하다고 하면 모든 것을 부드럽게 감싸 안을 수도 없고, 또 살그머니 뭇 사람의 마음속에 드나들 수도 없겠으니 말이에요. 그의 몸이 유연하고 균형이 잘 잡혔다는 것은 그의 우아함을 보면 잘 알 수 있어요. 누구나 인정하듯이 우아함이야말로 에로스의 특징입니다. 우아하지 못한 것과 에로스 사이에는 언제나 전쟁이 있어요.

그의 살결이 고운 것은 이 신이 꽃들 사이에서 살고 있음을 보여주는 겁니다. 육체 안이건 영혼 안이건 그 외 어떤 곳이건 꽃이 없는 곳에는, 또 혹은 꽃이 시든 곳에는 에로스가 머무르지 않아요. 그는 다만 꽃이 있고 향기로운 곳에라야 좌정하며 머무릅니다.

이번에는 에로스신의 덕에 대해서 이야기하겠습니다. 제일 중요한 것은 에로스가 신이건 사람이건 누구에게나 부당한 일을 하지도 않고 또 부당한 일을 당하지도 않는다는 것입니다. 그는 무슨 일이나 폭력에 의해 당하는 법이 없어요. 도대체 폭력은 에로스에 접근할 수가 없습니다. 또 그는 무슨 일이나 폭력에 의해 하는 법이 없어요. 누구나 무슨 일에서든지 자진해서 에로스에게 봉사합니다. '나라의 임금인 국법'도 말하고 있듯이, 자발적인 동의는 곧 정의 아닙니까(where there is voluntary agreement, there, as the laws which are the lords of the city say, is justice). 그는 공정 (just)할뿐만 아니라 또한 절제심도 많아요(temperate). 절제 (temperance)는 쾌락과 욕망을 지배하고 좌우하지만, 어떤 쾌락도 에로스를 지배하지는 못합니다.

에뤼크시마코스가 자기의 기술인 의학에 경의를 표한 것처럼 나도 내 기술에 경의를 표하여 말하건대 이 신(에로스)은 아주 현명한 시인입니다. 남도 자기 같은 시인으로 만들어요. 누구나 에로스의 손이 한 번 닿기만 하면 '이때까지 아무런 음악적 재능이 없던' 사람도 시인이 되는 겁니다. 이것은 에로스가 모든 예술적 창작(in all the fine arts)에 있어서 가장 우수한 창작자(poet)가 됨을 충분히 증명해 주는 겁니다. 왜냐하면 자기가 가지고 있지 않거나 알지 못하거나 하는 것은 남에게 줄 수도 없고 가르쳐 줄 수도 없으니까요.

의술, 궁술(弓術), 점술(占術)은 모두 아폴론에 의해 발견되었는데 이것 역시 사랑과 욕망이 안내하는 대로 따른 것입니다. 그러므로 아폴론 역시 에로스의 제자예요. 이렇게 신들의 세계에도 에로스가 들어감으로써 질서가 잡히게 된 겁니다. 즉 아름다움을 사랑하게 된 것이지요. 에로스는 추한 것(deformity)에는 아무런 관심이 없으니까요.

그러므로 에로스는 그 자신이 가장 아름답고 가장 우수한 자(the fairest and best)요, 또 다른 모든 아름다움과 우수함의 원인이기도 합니다. 그는 지금의 이 모임과 같은 연회를 통해 사람들을 서로 모이게 하여, 우리에게서 불만(disaffection)을 제거해주고, 그 마음속에 따뜻한 우애(affection)를 가득 넣어 줍니다. 잔치에 있어서나 무도(舞蹈)에 있어서나 또는 희생 제물을 바치는 데 있어서나 그는 우리들의 안내자에요.

우리에게 예의(courtesy)를 가르쳐주고 무례(discourtesy)는 멀리하게 해줍니다. 그는 언제나 자상(kindness)하며, 결코 몰인정(unkindness)하지 않아요. 선한 사람(善, the good)의 친구이고, 현자(the wise)의 경이이며, 신들의 경탄입니다. 그의 성질을 전혀 갖지 못한 사람들에게는 부러움의 대상이며, 그 성질을 많이 가진 자에게는 소중히 간직되는 대상이에요. 그는 섬세(delicacy), 화사(華奢, luxury), 욕망(desire), 자애(fondness), 부드러움(softness), 그리고 우아(grace)의 어버이입니다. 선한 사람들을 돌보고, 악한 사람에게는 관심이 없어요.

모든 말(word), 일(work), 소망(wish), 공포(fear)에서, 그는 구원자요, 키잡이요, 동지요, 도와주는 자입니다. 모든 신과 인간의 영광이요, 가장 아름답고 가장 훌륭한 지도자이지요. 모든 사람들이 그를 찬미하고, 신들과 사람들의 마음을 매혹하는 그의 노래에 소리를 합하여 노래하면서 그를 따라갑니다.

### 소크라테스 - 변증술(dialectic), 그 산파술(産婆術)적 대화

그렇게 아름답고 변화가 풍부한 연설을 들은 다음에 내가 무슨 할 말이 있겠는가? 처음 부분도 훌륭했지만 나중의 부분은 그야말로 아름다웠어. 내 능력의 열등함을 생각해보니, 부끄러워 쥐구멍이라도 찾고 싶은 생각이네. 자네는 끌어댈 수 있는 온갖 찬사를 에로스에 갖다 붙이면서 그는 이러저러한 성질의 존재요, 또 이러저러한 모든 좋은 것의 원인이라고 말하고 있네. 그리하여 그를 가장 아름답고 가장 훌륭한 신인 것처럼 말하고 있어. 그러나 그 말은 그를 모르는 사람들에게나 통할뿐, 그를 아는 사람들에게는 통할 수 없지.

오오 친애하는 아가톤, 이런 것을 생각해 보세. 즉 에로스는 어떤 특정의 대상에 대한 사랑인가? 그렇지 않으면 대상 없는 사랑인가? (Whether love is the love of something or of nothing?)

내가 묻고자 하는 것은 그것이 어머니의 사랑인가 아버지의 사랑인가 하는 따위가 아닐세. 그건 어리석은 질문이지. 내가 묻고자 하는 것은 가령 이 아버지란 말을 두고 이렇게 묻는 것과 같은 것일세. 즉 아버지는 어떤 사람의 아버지인가, 아니면 그 누구의 아버지도 아닌 것인가, 라고 말이야. 만일 자네가 옳은 대답을 하고자 한다면, 아버지는 아들이나 딸의 아버지라고 대답할 것으로 짐작이 가네. 어떤가?

'바로 그렇습니다.'

어머니에 대해서도 마찬가지인가?

'네 그러합니다.'

자, 그러면 에로스에 관해서는 어떤지 말해 주게. 에로스도 어떤 것에 대한 사랑인지, 그렇지 않으면 아무것에도 향하지 않는 사랑인지?

'물론 어떤 것(something)에 대한 사랑이지요.'

자, 그러면 사랑의 대상이 무엇인가에 대해서 자네가 말한 것을 잘 기억해 두게. 그리고 지금은 에로스가 그 사랑의 대상을 욕구하는가, 그렇지 않은가 만을 말해주게.

'그야 물론 에로스가 그 사랑의 대상을 욕구하지요.'

그가 이 대상을 욕구하고 사랑하는 것은 그가 이것을 소유하고 있을 때인가, 소유하고 있지 않을 때인가?

'아마도 아니겠지요.'

'아마도'가 아니라 반드시 그런 게 아닐까? 즉 뭔가 욕구하는 자는 자기에게 없는 것을 욕구하고, 아무것도 욕구하지 않는 자는 아무것도 필요로 하지 않는 자(he who desires something is in want of something, and he who desires nothing is in want of nothing)라는 게 필연이 아닐까? 오오, 아가톤, 어떻게 생각하나?

'저도 그렇게 생각합니다.'

좋아. 그러면 큰 사람이 크게 되기를 원하며, 강한 사람이 강하게 되기를 원할까(Would he who is great, desire to be great, or he who is strong, desire to be strong)?

'우리가 지금까지 동의해온 바에 의하면 그럴 수 없지요.'

자신이 지금 이미 그러한 바의 모습인데 새삼 그런 존재가 다시 되겠다고 원할 수는 없을 테니 말이지(For he who is anything cannot want to be that which he is)?

'그렇지요.'

어떤 사람이 현재 강하면서 강하기를 원하고, 재빠르면

서 재빠르기를 원하고 건강하면서 건강하기를 원한다면, 그는 이미 자기 자신인 존재로 다시 되기를 새삼 원하고 있다고 생각될 수도 있어. 오해가 없도록 예를 하나 들겠네. 이런 장점들의 소유는 사람들이 그것을 선택했건 아니건 간에 각기 현재 시점에서 아주 유용한 것이지. 그런데 그들이 지금 가지고 있는 것을 왜 굳이 또 원하겠는가? 그러므로 어떤 사람이 말하기를 "나는 지금 건강한데 그래도 건강하기를 원해(I am well and wish to be well)"라든가 "나는 부유한데 그래도 부유하기를 원해"라든가 "나는 내가 가지고 있는 것을 욕구해"라든가 한다면 우리는 이렇게 대답할 걸세.

"여보게, 자네는 부와 건강과 힘을 현재 가지고 있는 터인데 앞으로도 그대로 가지고 싶단 말이지? 자네가 그것을 원하건 원하지 않건 지금은 자네가 그것을 가지고 있는데 말이야. 또 자네가, 나는 내가 가지고 있는 것을 원한다고 말한다면, 좀 잘 생각해 보게. 그건 자네가 지금 가지고 있는 것을 앞으로도 가지고 싶다는 것을 의미하는 것일 따름이 아닌가?"라고. 그러면 그 사람도 이에 대해 동의하지 않을까?

'동의할 거에요.'

그러니 자기가 지금 가지고 있는 것이 앞으로도 자기에게 보존될 것을 원한다는 것은 결국 아직은 자기가 가지고 있지 않는 것을 원한다는 것과 같은 이야기가 아닌가?

'물론이지요.'

그러면 사람들이 무엇을 욕구한다고 하는 것은, 자기가 현재 누리고 있지 못하는 것이라든가 실제로 가지고 있지 않은 것을 욕구하는 것이 아닐까? 즉 자기가 아직 이르지 못한 처지라든가 자기에게 결여되고 있는 것들, 다시 말해 미래에 있을지언정 지금 현재는 없는 그런 것들을 욕구하는 것이 아닐까?

'물론입니다.'

자, 그러면 지금까지 말한 것을 요약해 보세. 사랑이란 첫째, 어떤 특정의 것에 대한 사랑이요, 둘째, 그 '어떤 것' 이란 한 인간에게 결핍되어 있는 것이지(First, is not love of something, and of something too which is wanting to a man)?

'그렇습니다.'

그러면 자네 연설에서 에로스의 대상이 무엇이라고 자네가 말했는지 상기해 주게. 자네가 원한다면 내가 자네에게 상기시켜 줘도 좋아. 내 생각엔 자네가 대체로 이렇게 말한 줄 아네. 즉 아름다운 것들에 대한 사랑이 신들의 왕국에 질서를 세웠고, 추한 것들(deformed things)에 대한 사랑이란 있을 수 없다고. 어때, 대체로 이런 말을 한 것이 아니었나?

'네, 그런 말을 했어요.'

그렇다고 하면 에로스는 아름다움에 대한 사랑이요 추함에 대한 사랑은 아니지? 그런데 사람은 자기에게 결여되고 없는 것을 사랑한다는 데 대해서 우리는 의견의 일치를 보지 않았나?

'보았지요.'

그러면 에로스는 아름다움을 결여하고 있고, 아름다움을 가지고 있지 않는 것이야. 그럼 어떻게 된다? 아름다움을 결여하고 있고 어느 모로나 아름다움을 가지고 있지 않는 것을 아름답다고 자네는 말할 생각인가?

'그렇지 않습니다.'

그러면 사리가 그런데도 자네는 아직도 에로스가 아름답다고 생각하겠는가?

'오오, 소크라테스, 저는 제가 한 이야기가 무슨 이야기인지, 저도 모르는 소리가 아니었나 생각이 드는군요.'

아니야, 아가톤, 자네 연설은 참 훌륭했어. 그러나 한 가지만 더 사소한 물음에 대답해 주게. 선한 것은 또한 아름다운 것이 아닌가(Is not the good also the beautiful)?

'그렇게 생각합니다.'

그러면 에로스가 아름다운 것을 결여하고 있고, 선한 것은 아름다운 것이니 에로스는 또한 선한 것들도 결여하고 있겠군.

'오오 소크라테스, 저는 도저히 선생님의 말씀에 반대할 수 없습니다. 선생님 말씀이 옳다고 생각합니다.'

모름지기 진리에 반대할 수 없노라고 말해야지. 오오 친애하는 아가톤, 소크라테스는 쉽게 반박될 수 있지만 진리는 반박할 수 없는 거야. 자 그러면 따지는 건 이만큼 하기로 하고, 내가 전에 만티네이아(Mantineia)의 디오티마(Diotima)에게서 에로스에 관해 들은 이야기를 해 보겠네. 그녀는 이 문제와 그 밖의 여러 가지 방면에 해박한 지식을 갖고 있어. 아테네에 염병(plague)이 내습하기 전에 희생제물을 바치게 함으로써 그 병마를 10년간 늦추게 해 준 것도 그녀였고, 나에게 사랑에 관한 것을 가르쳐 준 것도 그녀일세. 그러면 그녀가 나에게 이야기한 것을 대화체로 전달해 보겠네.

### 소크라테스와 디오티마 – 이성이 결여된 의견은 지식이 아니다

나는 먼저 아가톤이 한 것처럼 에로스가 어떤 존재이며

어떤 성질을 가지고 있는가를 말하고, 그 다음에 그가 행하는 여러 가지 일을 설명해 보기로 했네. 나도 지금 아가톤이 내게 한 말과 거의 같은 말을 그녀에게 했지. 즉 에로스는 위대한 신이요, 아름다운 것이라고. 그러자 그녀는 내가 지금 아가톤을 설득한 것과 같은 말로, 에로스는 아름답지도 않고, 선한 것도 아니라고(Love was neither fair nor good) 나를 설득하더군. 그래 나는 이렇게 말했네. 그럼 어떻게 되는 겁니까? 오오 디오티마, 에로스는 악하고 추하단 말인가요(Is Love then evil and foul)? 그러니까 그녀는 이렇게 말하더군.

"아니, 아름답지 않으면 반드시 추하다고 생각하세요?"

내가 그렇게 생각한다고 했더니,

"그럼, 지혜롭지 못한 사람은 무식한 사람이겠군요(And is that which is not wise, ignorant)? 지혜와 무식 사이에 중간적인 것이 있다고는 생각하지 못합니까(Do you not see that there is a mean between wisdom and ignorance)?"

그게 뭔가요? 라고 물으니,

"이성이 결여된 옳은 의견은 아직 지식이 아니고, 무지와 지혜 사이의 한 중간입니다(Right opinion, being incapable of giving a reason, is not knowledge, but is clearly something which is a mean between ignorance and wisdom). 왜냐하면 추론 없는 지식은 있을 수 없으니까요. 그렇다고 그건 무지 도 아니에요. 왜냐하면 무지는 진리에 도달할 수 없는 것 이니까요(for how can knowledge be devoid of reason? nor again, ignorance, for neither can ignorance attain the truth)." 라고 말하더군. 그리고 이어서

"아름답지 않은 것은 반드시 추하다고 억지 부리지 마세 요. 에로스의 경우도 그렇습니다. 당신이 이제 인정하는 바 와 같이 그는 선하지도 않고 아름답지도 않아요. 그렇다고 해서 그가 반드시 추하고 악하다고 생각해서는 안 되지요. 왜냐하면 그는 이 두 가지 것들의 중간에 있으니까요."라 고 그녀는 말했어.

아무튼 에로스는 누구에게나 위대한 신으로 인정받고 있 다고 내가 말하자 그녀는 웃으면서 "오오 소크라테스, 그가 도대체 신이 아니라고 말하는 사람들이 어떻게 그를 위대한 신으로 인정한단 말이에요?"라고 말하더군.

그게 어떤 사람들입니까, 라고 내가 묻자

"첫째로 당신이오, 둘째로는 나 자신이지요."

어째서 그렇습니까?

"뻔하지 않아요? 신들은 모두 행복하고 아름답다(happy

and fair)고 당신은 생각하지 않으세요? 그 중의 어떤 신이라도 그렇지 않다고 감히 말할 수 있어요?"

전혀 아니지요.

"그런데 당신은 선하고 아름다운 것들을 소유한 자를 행복하다 하지 않아요?"

그야 그렇지요.

"그런데 에로스는 선하고 아름다운 것들을 결여하고 있기 때문에 이런 것들을 욕구한다고 당신이 인정하지 않았나요?"

네, 인정했어요.

"그러면 아름답고 선한 것들을 전혀 가지지 못한 그가 어떻게 신일 수가 있단 말인가요?"

불가능한 일이지요.

"그렇다면 당신 자신이 에로스가 신(神)임을 부정하는 것 아닙니까?"

그럼 도대체 에로스는 뭡니까? 그는 가사적(可死的) 존재(mortal)인가요?

"아니요."

그러면 뭡니까?

"바로 아까 말한 대로지요. 즉 가사적(可死的, mortal)인 것도 불사적(immortal)인 것도 아니고, 그 한 중간에 있어요."

그게 도대체 뭔가요, 오오 디오티마?

"그는 위대한 정령(精靈, spirit)이에요. 모든 정령이 그렇듯이 그는 신과 인간을 매개합니다."

그는 어떤 힘을 가지고 있는데요?

"그는 신과 인간 사이에서 통역을 하고, 인간들의 기구(祈求)와 희생 제물을 신에게, 또 신들의 명령과 응답을 인간들에게 전달합니다. 이들 사이의 간격을 메우는 중간자이지요. 따라서 만물이 그의 안에서 하나가 되고, 그것을 통하여 온갖 예언자와 사제의 기술, 그들의 제의와 신비술과 주술, 그리고 모든 예언과 주문(呪文)이 행해집니다. 왜냐하면 신은 인간과 직접 교제하지 않고, 오로지 에로스를 통해서만, 깨어있거나 혹은 잠들어 있는 인간들과 소통하기 때문이에요. 이런 것을 이해하는 지혜야말로 영적(spiritual)인 것입니다. 그 이외의 모든 지혜들, 즉 기술이나 공예의 지혜는 천하고 저속할 뿐이에요(all other wisdom, such as that of arts and handicrafts, is mean and vulgar). 이 정령 혹은 매개적 힘(intermediate powers)은 물론 그 수가 많고 또 종류가 여럿 있는데, 그 중의 하나가 에로스에요."

에로스의 아버지는 누구이며 또 어머니는 누구입니까?

## 소크라테스와 디오티마 – 에로스는 누구?

"긴 이야기가 되겠지만 이야기해 드리죠. 아프로디테의 생일 날, 신들이 잔치를 베풀었는데, 그 자리에는 풍요의 신(Plenty)인 포로스(Poros)도 손님으로 참석했어요. 그는 분별의 신(Discretion)인 메티스(Metis)의 아들이었지요. 식사가 끝날 무렵, 잔칫집에는 언제나 그렇듯이, 빈곤의 여신 (Poverty)인 페니아(Penia)가 구걸하러 왔어요. 포로스는 이때 벌써 신주(神酒, nectar)를 많이 마시고 – 그 당시는 아직 포도주가 없었지요 – 취하여 제우스 신의 정원에 들어가 아주 깊은 잠에 빠져 들었습니다. 그러자 페니아는 궁핍한 처지에 포로스에게서 자식이나 하나 얻으면 좋겠다는 생각으로, 그 곁에 누워 아이를 잉태했는데, 그 아이가 에로스에요. 나중에 에로스는 아프로디테의 종자(從者)이며 시종(侍從, follower and attendant)이 되었습니다. 아름다움의 여신인 아프로디테의 생일잔치 때에 잉태되었고, 또 본성상 아름다움을 사랑하는 자였기 때문이었지요.

그는 포로스와 페니아의 아들인 까닭에 그 운수도 이들에게서 그대로 물려받았습니다. 첫째 그는 항상 가난합니다. 그리고 많은 사람들이 생각하는 것처럼 부드럽고 아름답기는(tender and fair)커녕, 거칠고 누추해요. 신발도 없고, 들어가 살 집도 없었어요. 그래서 늘 이부자리도 없이 땅바닥에 누우며, 문간이나 길가 같은 한데서 잡니다. 이건 그 어머니를 닮아 언제나 빈곤(distress)한 때문이지요.

그러나 아버지를 닮은 데도 있어서, 아름다운 것과 좋은 것을 차지하려고 획책합니다. 또 용감하고 저돌적이고 열렬하며, 힘센 사냥꾼이요, 늘 모략을 꾸미고, 실천적인 지혜를 찾는 일에 성공도 하고, 온 생애를 통하여 애지자이며, 또 놀라운 마술사, 독약 조제사, 궤변가입니다. 그는 본래 가사자(可死者, mortal)도 아니요 불사자(不死者, immortal)도 아닙니다. 풍요로울 때는 꽃피고 생기가 돌다가, 빈한해지면 거의 죽기 직전이지요. 그러다가는 아버지의 본성을 따라 다시 생기를 되찾습니다. 그러나 흘러 들어오는 것은 언제나 흘러 나가는 법. 그래서 에로스는 빈궁하지도 않고 부유하지도 않아요.

그는 또한 지혜와 무지의 중간에 있습니다. 그 이치는 이러해요. 어떤 신도 지혜의 추구자(seeker after wisdom)나 애지자(愛知者, philosopher)는 아닙니다. 그들은 이미 현자

(wise)니까요. 신이 아니라도 이미 지혜가 있는 사람은 새삼 지혜를 사모하고 추구하지 않습니다. 한편 무식한 사람(the ignorant)도 역시 지혜를 추구하지 않아요. 바로 여기에 무지의 사악함이 있어요. 선하지도 현명하지도 않은 사람이 스스로 자신에게 만족하고 있으니 말이에요. 자기에게 그것이 결여되어 있는 줄 모르고 있으니 그것을 추구할리가 없지요."

그러면 오오, 디오티마, 애지자란 도대체 어떤 사람들인가요? 만일 그들이 현자도 아니고 바보도 아니라면 말입니다.

"그건 어린이에게도 분명한 일이에요. 철학자란, 현자와 바보 사이의 한 중간에 있는 사람들이지요. 에로스가 바로 그들 중 하나입니다. 왜냐하면 지혜란 가장 아름다운 것이고, 에로스는 아름다운 것 중의 하나이므로, 그는 필연적으로 애지자요, 또 애지자니까 지자(知者)와 무지자(無知者)의 중간에 있어요. 그가 이렇게 된 것은 그의 출생의 내력 때문입니다. 즉 그가 지혜롭고 부유한(wealthy and wise) 아버지와 가난하고 무지한(poor and foolish) 어머니에게서 태어난 때문이지요.

그러니 오오 친애하는 소크라테스, 이것이 바로 에로스

신의 본성입니다. 당신이 처음에 에로스에 대해서 잘못 생각했던 것은 당연한 일이지요. 당신의 말에서 미루어 생각컨대 당신은 사랑과 사랑받는 것을 혼동했던 것 같아요. 그래서 사랑은 다 아름답다고 생각했던 것 같습니다. 사실 사랑받는 자는 으레 아름답고 섬세하고 완전하고 축복받는 것이지만, 사랑의 원리란, 지금 내가 얘기했듯이, 전혀 다른 성질이니까요."

좋습니다. 오오 부인, 당신 말씀이 옳다고 치고, 그런데 도대체 그는 인간들에게 무슨 소용이 되는 겁니까?

"그게 바로 지금부터 내가 당신한테 가르쳐 드리려고 하는 겁니다. 소크라테스, 에로스의 태생과 성질에 대해서는 이미 이야기했고, 또 아름다움이란 아름다운 것들을 사랑하는 것이라 함은 당신도 인정하는 거죠. 그런데 누가 우리더러 '오오 소크라테스와 디오티마, 아름다운 것들을 사랑하는 자는 결국 무엇을 욕구하는가?'라고 묻는다면"

아마도 아름다운 것이겠지요, 라고 내가 대답했어. 그러니까 그녀는

"그 대답에는 다시 다음과 같은 물음이 제기됩니다. 즉 아름다움을 소유하면 결국 무엇을 얻는가?"

나는 대답할 수 없노라고 말했어.

"그러면 누가 '아름다운(beautiful)'이란 말 대신 '좋은 (good)'이란 말을 써서 '오오 소크라테스, 좋은 것을 사랑하는 사람은 결국 무엇을 사랑하며 구하는 겁니까?'라고 물으면 어떻게 되겠어요?"

좋은 것을 획득하고자 하는 거지요, 라고 나는 대답했어.

"그럼, 좋은 것을 획득하는 사람은 무엇을 얻게 되는 겁니까?"

그건 아까 물음보다 쉽군요. 행복(happiness)을 얻게 되지요.

"그러니 행복한 사람이 행복한 것은 좋은 것을 얻음으로 말미암는 거지요? 다시 여기서, 왜 그 사람은 행복하게 되기를 원하는가를 물을 필요는 없어요. 답은 이미 나와 있습니다."

옳은 말씀입니다.

"그러면 당신은 이 소망과 욕구가 만인에게 공통되는 것이며, 또 모든 사람이 언제나 좋은 것을 가지기를 원한다고 생각합니까? 혹은 일부만 그렇다고 생각하는지요?"

모든 사람이 그렇습니다.

"그러면 오오 소크라테스, 욕구가 모든 사람에게 공통된 것이라면, 왜 만인이 사랑하고 있다고 하지 않고, 오로지 그들 중 일부만 사랑한다고 하는 걸까요?"

글쎄요, 저도 잘 모르겠네요.

"모를 것 없어요. 사랑의 한 부분만 분리시켜 여기에 사랑 전체의 이름을 붙여 놓고, 다른 부분들에는 다른 이름들을 붙였기 때문이지요."

가령 어떤 것이 그런 건가요?

### 소크라테스와 디오티마
### 창작의 정의 / poet은 창작자

"가령 이런 거 에요. 당신도 알다시피 시가(詩歌, poetry)들은 매우 복잡하고 그 종류도 다양합니다. 없던 것이 있는 것에로 옮아가는 것(passage of non—being into being), 그것이 바로 창작(creation) 아닙니까? 따라서 모든 기술(技術)의 과정(the processes of all art)이 창작(creative)이고, 모든 기술자(masters of arts)는 창작자(poets or makers)입니다."

옳은 말씀입니다.

"그런데 그들이 모두 창작자(Poietai)로 불리지 않고 다른 이름으로 불리고 있어요. 모든 창작 가운데서 일부, 즉 음악과 운율(music and meter)에 관계있는 것만을 따로 떼어,

이것에다가 전체의 이름을 붙이고 있지요. 즉 이것만이 창작(poetry)이라고 불리며, 또 이런 방면의 창작에 종사하는 사람만이 창작자(poets)라고 불리고 있어요."

옳은 말씀입니다.

"사랑에 있어서도 그와 같아요. 일반적으로 말하면, 모든 선(善)의 욕구와 행복이 사랑의 위대한 힘이죠. 그런데 다른 길, 예컨대 돈 벌기, 체육, 철학 같은 방법을 통해 사랑으로 향하는 사람들을 우리는 사랑하는 자(lovers)라고 하지 않아요. 한 가지 형태의 애정만이 사랑이란 명칭을 온통 독차지하고 있습니다".

옳은 말씀이라고 저는 생각합니다.

### 소크라테스와 디오티마
#### 사랑이란 '자신에게 좋은 것'을 소유하고자 하는 욕구

"또 이런 말을 하는 사람도 있더군요. 즉 사랑하고 있는 사람들은 자기의 다른 반쪽을 찾고 있는 거라고 말이에요. 그러나 나는 그렇게 생각하지 않아요. 사랑은 자기의 반쪽을 찾는 것도 아니고, 전체를 찾는 것도 아니에요. 그 반쪽이니 전체니 하는 것이 훌륭한 것이면 모를까, 무턱대고 자신의 반쪽을 찾는다는 건 말이 안 되잖아요. 사실 인간은 자기 자신의 손이나 발도 자진해서 잘라 버리지 않습니까. 만일 그것이 유해하다고 생각되면 말이에요. 자기 것이라고 해서 덮어놓고 좋아하는 사람은 한 사람도 없다고 나는 생각해요. 자기 것은 무조건 좋고, 남의 것은 무조건 나쁘다고 하는 사람이 있다면 또 모를까 말이에요. 사실, 자신에게 좋은 것 이외에 사람들이 사랑하는 것이란 아무것도 없습니다(there is nothing which men love but the good). 어떻게 생각하세요?"

네, 그렇게 생각됩니다.

"그러면 우리는 이렇게 간단히 말할 수 있겠어요. 인간은 자신에게 좋은 것만 사랑한다고(men love the good)."

그럴 수 있을 겁니다.

"거기다가 한 마디 더 붙여, 인간은 자신에게 좋은 것을 가지기를 사랑한다(they love the possession of the good)고 할 수 있을까요?"

좋습니다.

"그저 가지기만 하지 않고 '영원히' 가지기를 원한다고 하면 어떨는지요?"(not only the possession, but the everlasting possession of the good)

그것 역시 첨가해도 좋습니다.

"그럼 지금까지 말한 것을 종합하면, 사랑이란 자기에게 좋은 것을 영원히 자기 자신의 것으로서 가지기를 원하는 것이로군요."(love may be described generally as the love of the everlasting possession of the good)

다시 없이 옳은 말씀이외다.

"사랑이 언제나 이런 것이라고 하면 사람들이 그것을 추구하는 방법은 어떤 건가요? 사랑이라 불리는 모든 열정과 뜨거움을 보여주는 사람들은 도대체 어떤 일을 하는 건가요? 대답해 보세요."

대답할 수 없어요. 디오티마. 대답할 수 있었던들 제가 이 문제에 대해 가르침을 받으려고 당신을 찾아올 리가 있겠어요?

### 소크라테스와 디오티마 – 사랑은 아름다움의 생산

"좋아요, 가르쳐 드리죠. 그들의 목표는 육체적으로나 정신적으로 아름다운 것을 생산하는(birth in beauty, whether of body or soul) 것입니다."

무슨 말씀이신지, 그 신탁은 설명이 필요하군요.

"그럼 좀 더 분명하게 말할게요, 오오 소크라테스, 육체적인 것이냐 정신적인 것이냐가 다를 뿐, 모든 인간은 출산을 합니다(all men are bringing to the birth in their bodies and in their souls). 일정한 나이가 되면 인간은 생식의 욕구를 느껴요. 그런데 그것은 아름다움 속에서 이루어지지, 결코 추함 속에서 이루어지지 않습니다. 남자와 여자가 결합하여 이루어내는 생식은 신적(神的)인 일입니다. 임신과 출산은 유한한 인간 속에 들어있는 불멸적인 원칙(an immortal principle in the mortal creature)이에요. 가사(可死)와 불사(不死)는 결코 서로 불화하는(inharmonious) 것이 아닙니다.

그러나 추한 것은 신적인 것과 조화를 이루지 못하고, 아름다운 것은 신적인 것과 조화를 이룹니다. 미의 여신이 동시에 출산을 관장하는 여신인 이유이지요. 아름다운 사람에게 가까이 가면 임신의 능력이 증진되고, 확장되고, 유연하게 되어 이윽고 임신하여 결실을 맺게 됩니다. 그러나 추한 것을 보면 수태의 능력은 찡그리고, 수축되고, 괴로워하면서 몸을 움츠리고 달아나 임신을 거절합니다. 이런 까닭에 수태의 시간이 다가오면 풍요의 기운이 가득하고, 아름다움에 대한 찬탄과 황홀감에 휩싸이는데, 이런 것들로 인해서 해산의 고통도 참을 만한 것이 됩니다. 이건 오오 소크라테스, 사랑이란 것이 당신이 생각하듯 그저 아름다운 것에로 향하는 것이 아닌 때문입니다."

그럼 그게 뭔가요?

"생식에 대한 욕구, 그리고 아름다운 것을 생산해 내겠다는 욕구입니다."

정말 그렇군요.

"그렇구 말구요".


### 소크라테스와 디오티마 - 출산은 영생의 욕구

그러면 왜 출산을 하려는 겁니까?

"유한한 인간에게 있어서 출산은 일종의 영생이며 불멸이기 때문이죠(to the mortal creature, generation is a sort of eternity and immortality). 우리가 지금까지 합의를 본 대로 사랑이란 것이 자신에게 좋은 것을 영원히 소유하려 하는 것이라고 한다면 모든 인간은 당연히 불멸과 좋음을 함께 원하겠지요(all men will necessarily desire immortality together with good). 그러므로 사랑은 불멸에 대한 사랑입니다(love is of immortality)."

또 어느 때인가는 그녀가 이렇게 묻더군.

"오오 소크라테스, 무엇이 사랑과 그 부수적인 욕구의 원인이라 생각합니까? 새들이나 다른 짐승들이나, 어느 동물을 막론하고 번식하고 싶어 할 때에는 모두 병적인 애욕에 사로잡혀 교미하고, 그 다음에는 새끼들 보살피는 일을 염려해요. 그래서 새끼들을 위해서는 가장 약한 자도 가장 강한 자를 상대로 싸워 죽을 각오가 되어 있고, 또 새끼들을 먹여 살리기 위해서라면 자기들 자신이 굶주리는 것을 참고 견디며, 또 이 밖에 어떠한 일이든지 하려 하는 것입니다. 인간에게는 이성이 있으니까 그렇게 행동하는 거라고 생각할 수도 있어요. 그러나 짐승들은 왜 이런 열렬한 모성애를 갖고 있는 것입니까? 말하실 수 있어요?"

나는 이때에도 모른다고 대답했어. 그러니까 그녀는

"그것도 모르고서 어떻게 사랑 이론의 대가가 되려고 합니까?"라고 하더군.

그러기에, 오오 디오티마, 아까도 말했듯이, 당신에게 찾아온 것 아닙니까? 내게는 스승이 필요해요. 제발 그 원인과 사랑의 신비에 대해 가르쳐 주십시오.

"사랑이 그 본성에 있어서, 우리가 여러 번 합의한 바와 마찬가지로, 불멸에 대한 사랑이라는 것을 인정한다면, 별로 어려울 것 없어요. 인간의 경우와 마찬가지로 동물들도 그 힘이 미치는 한 언제나 불사하며 영생하기를 원합니다. 그런데 이것은 오직 출산에 의해서만 가능한 일이에요. 출산이란 언제나 옛것 대신에 새로운 존재를 뒤에 남겨 두는 것(generation always leaves behind a new existence in the place of the old)이니까요.

동일한 개인의 삶 속에도 언제나 변화의 연속이 있을 뿐 절대적인 동일성이란 없지 않습니까(even in the life of the same individual there is succession and not absolute unity). 예를 들면 한 사람을 두고 볼 때, 그는 어렸을 때부터 늙게 될 때까지 동일한 사람이라고 불리지요. 하지만 그는 끊임없이 손상되고 변화합니다. 가령 머리털이나 살이나 뼈나 피나 또 온 신체가 언제나 변화하고 있어요. 육체만 그런 것이 아니라 정신에 있어서도 마찬가지입니다. 습관, 기질, 견해, 욕구, 쾌락, 고통, 공포 중 그 어느 것 하나 그대로 있는 것은 없어요. 그중의 어떤 것은 없어지고 다른 것이 새로 생기고는 하지요.

좀 더 놀라운 것은 지식도 마찬가지라는 사실입니다. 즉 어떤 지식은 우리들 속에서 사라지고 대신 다른 지식이 생겨나므로, 지식에 있어서도 우리는 언제나 동일한 것이 아닐뿐더러, 또한 그 지식 하나 하나를 두고 보더라도 비슷한 일이 생기는 거 에요. 기억(recollection)이라는 단어는 지식이 도망쳐 버린다는 것을 전제로 나온 말입니다. 잊어버린다는 것은 지식이 우리에게서 떠나는 것인데, 이처럼 도망쳐 버리는 것 대신에 새로운 지식을 집어넣어 우리의 지식이 그 전과 다름없는 것인 양 보이게 하는 것이 바로 기억입니다.

　이런 연속의 법칙이 모든 유한한 것들을 보존하는 원리입니다. 신은 언제나 동일하게 남아 있을 뿐 결코 다른 것이 되지 않지만(the divine is always the same and not another), 유한한 존재의 동일성은, 늙어서 사라져 버리는 자가 자기 뒤에 과거의 자기와 같은 어떤 새로운 것을 남기는 대체(代替)의 방식을 통해서만 실현됩니다(all mortal things are preserved, not absolutely the same, but by substitution, the old worn-out mortality leaving another new and similar existence behind). 이런 모양으로, 오오 소크라테스, 유한한 존재는 불멸에 참여하는 겁니다(the mortal body, or mortal anything, partakes of immortality). 이런 까닭에 모든 인간이 자기 자신의 소생을 소중히 여기는 것은 조금도 이상한 일이 아니에요. 모든 사람들의 사랑과 관심은 불멸을 추구하는 것이니까요."

나는 이 말을 듣고 경탄해 마지않았어. 그래 이렇게 말했어. 오오 다시 없이 지혜로운 디오티마여, 그게 정말 그렇습니까? 그랬더니 그녀는 마치 완전한 소피스트와 같은 말투로 다음과 같이 대답하더군.

"분명히 그래요. 오오 소크라테스, 다른 건 고사하고 사람들의 야심을 한 번 생각해 보세요. 아마 당신은 그 무모함에 놀랄 겁니다. 그들은 영원히 남을 이름을 위해 동분서주하고 있고, 또 이를 위해 자기의 자녀들을 위하는 경우보다 더 많은 위험을 무릅쓸 각오가 되어 있으며, 돈을 마구 쓰고 온갖 고난을 견디며, 심지어는 죽기까지 합니다. 알세스티스(Alcestis)가 아드메토스(Admetus)를 위해서 죽은 것이나, 아킬레우스가 파트로클로스를 뒤따라 죽은 것이나, 또 코드로스(Codrus)가 그 아들의 왕위를 확보하기 위해 죽은 것은 그들의 덕이 후세에 불후의 기억으로 남으리라고 그들이 생각했기 때문이지요. 그와 같은 불멸의 공훈과 또한 영광스러운 명성 때문에 모든 사람은 무슨 일이든지 하는 것이요, 또 우수한 사람일수록 더욱 그러하다고 나는 생각합니다. 불사적인 것이야말로 그들이 사랑하는 것이니까요.

오로지 육체적으로만 생식력이 있는 사람들은 여자에게로 향하여 자식을 낳고, 그들의 자식이 불사와 추억을 그들에게 확보해 줄 것이라 생각하는 것입니다. 그러나 정신적으로 생식력이 있는 사람들도 있어요. 즉 육체보다도 오히려 정신적으로 잉태하기를 잘 하는 사람들이지요. 그러면 정신이 잉태하고 출산하기에 합당한 것은 무엇입니까? 무엇이 정신에 어울리는 겁니까? 그건 예지와 덕(wisdom and virtue)이에요. 이러한 창조자들이 바로 시인들(poets)입니다. 그리고 이름값을 하는 훌륭한 기술자들은 발명가입니다(such creators are poets and all artists who are deserving of the name inventor).

그러나 가장 위대하고 아름다운 예지는 나라와 가정의 질서를 바로잡는 일에 관계되는 것으로서, 우리가 절제와 정의라 부르는 것입니다(the greatest and fairest sort of wisdom by far is that which is concerned with the ordering of states and families, and which is called temperance and justice). 어렸을 때부터 그 영혼이 이런 덕을 잉태하고 있고 또 그것에 고무되는 사람은 장성하게 되면 출산하고 생식하기를 원합니다.

그는 자식을 낳기 위해 아름다운 것을 찾아 헤맵니다. 결코 추한 자식을 낳으려 하지는 않으니까요. 무엇보다도 그는 추한 육체보다 아름다운 육체를 가까이 합니다. 그리하여 아름답고 고상하고 잘 자란 영혼을 만나게 되는 날이면 육체와 영혼을 하나로 끌어안아, 덕과 자연과 훌륭한 사람에 대해 이야기 합니다. 그리고 그를 교육하려 합니다. 아름다움과 만남으로써 그는 오랫동안 잉태해 오던 것을 출산하게 되는 거에요.

그들은 더 할 수 없이 강건한 연대감으로 한데 결합하고, 육신의 자식들이 있는 경우보다도 훨씬 더 돈독한 우정을 유지합니다. 이건 그들이 육신의 자식보다 더 아름답고 더 불사적인 자식들을 공유하고 있기 때문이지요. 호메로스나 헤시오도스(Hesiod)나 이 밖의 훌륭한 시인들을 생각해 보면 누구나 육신의 자식들보다 오히려 이런 자식들을 낳아서 가지기를 더 좋아하지 않을까요?. 아버지에게 불멸의 명성을 안겨준 이와 같은 자식들을 그 누가 부러워하지 않겠습니까?"

**디오티마 - 소년애는 절대미로 나아가기 위한 수단**

"오오 소크라테스, 이상은 사랑의 비의(秘儀) 가운데 몇 가지인데, 아마 여기까지는 당신도 참여할 수 있을 겁니다. 그러나 여기서 다시 올바른 정신을 가져야만 도달할 수 있는 좀 더 높고 숨겨진 비의에 당신이 입문할 수 있을지 나로서는 잘 모르겠군요. 그러나 내 힘이 닿는 데까지 가르쳐 드리지요. 쉬운 일은 아닐 테지만. 그러니 잘 들어 보세요.

올바른 길로 나아가는 자는 반드시 이 일을 어려서부터 시작해야 하며, 또 아름다운 인체들(beautiful forms)에 접근해야 합니다. 맨 먼저 한 인체를 사랑하여 거기서부터 아름다운 생각(thoughts)을 낳아야 합니다. 그 다음엔 한 인체의 아름다움이 다른 인체의 아름다움과 비슷하다는 것과, 또 아름다움을 본질에 있어서 추구하다 보면 모든 인체의 아름다움이 결국 동일한 한 가지 것임을 믿지 않는 것이 크게 어리석은 일이라는 것에 주목해야 합니다. 이것을 깨닫게 되면 모든 아름다운 인체를 사랑하는 자가 되어, 한 인체는 지극히 작은 것이라고 믿음으로써 그 한 인체에 대한 격렬한 사랑을 감소시키게 됩니다.

그 다음엔 정신의 아름다움이 외형적 형태의 아름다움보다 더 소중하다는 것을 믿지 않으면 안 됩니다. 그리하여 누구든 정신이 아름다운 사람이 있으면 설사 그 용모가 그다지 뛰어나지 않더라도 만족하여 사랑하고 보살펴 주며, 그리하여 젊은이들을 훌륭하게 해줄 만한 생각을 낳는 겁니다. 이와 같이 하면 그는 더욱 우리의 여러 가지 제도와 법률의 아름다움도 바라보게 되고, 그 모든 것의 아름다움이 결국 하나의 동일한 계보라는 것을 이해하게 되며, 따라서 육체의 아름다움이란 것이 보잘것없는 것임을 알게 됩니다.

그 다음에 그는 제도나 법률 같은 것으로부터 학문(sciences)에로 나아가, 그것들의 아름다움을 보아야 합니다. 다시는 노예처럼 한 가지 것에 얽매이어 한 소년이나 한 인간이나 혹은 어떤 한 가지 제도에만 만족하여 구차스럽고 속 좁은 인간이 되어서는 안 됩니다. 오히려 그는 아름다움의 큰 바다로 나아가 그 해변에서 자라고 강건하게 되어 많은 아름답고 고상한 사상과 개념을 낳고, 마침내 하나의 지식, 즉 이제 내가 말하려는 바와 같은 아름다움에 관한 지식을 터득하여야 할 것입니다."

### 디오티마 - 미의 이데아

"아름다운 것들을 올바른 순서로 바라보면서 여기까지 사랑의 길로 인도되어 온 사람은, 이제 그 궁극의 목표를 향하여 나아가게 되는데, 여기서 그는 아주 놀라운 하나의 아름다움을 바라보게 될 것입니다. 그것은 오오 소크라테스, 아름다움 자체입니다. 그것 때문에 지금까지의 모든 고난을 참고 견디어 온 바로 그 아름다움입니다.

첫째, 그것은 영구한 것이요, 자라거나 썩어 없어지는 것이 아니요, 혹은 달처럼 차오르거나 이지러지는 것도 아닙니다(everlasting, not growing and decaying, or waxing and waning).

둘째, 그것은 어느 방향에서 보면 아름답고 다른 방향에서 보면 추한 그런 것이 아니요(not fair in one point of view and foul in another), 어느 때 어떤 관계에서는 아름답고, 다른 때 다른 관계에서는 추한 그런 것도 아닙니다(at one time or in one relation or at one place fair, at another time or in another relation or at another place foul). 또 어떤 사람에게는 아름답고 다른 사람에게는 추하게 보이는(fair to some and foul to others) 그런 아름다움도 아닙니다.

이 아름다움은 얼굴이나 손 같은 신체의 일부분, 변론이나 학식 같은 개인적인 능력(in any form of speech or knowledge), 또 혹은 동물이나 하늘 땅 그 이외의 그 어떤 구체적인 장소에서 나타나는 것이 아닙니다. 오히려 그것은 영원히 독립적으로 자존하는 절대적 아름다움(beauty absolute, separate, simple, and everlasting)으로, 줄지도 않고 늘지도 않으며 아무런 변화가 없는(without diminution and without increase, or any change) 존재입니다."


### 디오티마 - 분유(分有)

"이 아름다움은 자기 이외의 모든 생성하고 소멸하는 아름다움들(the ever-growing and perishing beauties of all other things)에 자신의 아름다움을 나누어 줍니다(is imparted to). 그러므로 누구든지 올바른 사랑을 통해 이 여러 아름다운 것들로부터 저 아름다움에로 올라가 그것을 바라보기 시작하면 그는 마침내 그 궁극의 목표에 도달하게 되는 것입니다. 그러니까 자기의 힘으로나 남의 인도를 받아 사랑의 정수(精髓)에 도달하는 올바른 길은 다음과 같습니다 -

즉 이 세상의 개개의 아름다운 것들로부터 출발하여, 저 아름다움을 향하여 위로 올라가되 마치 사다리를 올라가듯 하나의 아름다운 육체로부터 두 개의 아름다운 육체로, 또 둘에서 모든 아름다운 육체로 나아가고, 아름다운 육체들로부터 아름다운 일과 활동에로 나아가고, 활동에서 아름다운 개념에로 나아가고, 그리고 마지막으로 저 절대적인 아름다움을 알게 되고, 마침내 아름다움의 정수를 알게 되는 것입니다.

인생은 여기 이르러 그리고 여기에서만, 즉 아름다움 자체를 바라봄으로써만 살 가치가 있는 것입니다. 만일 당신이 이 아름다움을 한 번 보게 되면 다시는 황금이나 화려한 의복이나 아름다운 소년이나 청년 따위에 이끌리지 않게 될 것입니다. 아름다운 소년들 앞에서 당신들은 넋이 빠져 그들과 함께 있기만 하면 고기도 먹지 않고 술도 마시지 않아도 그저 행복하다고 생각하지요.

그런데 만일 우리 가운데 눈 밝은 사람이 있어서, 저 신적이고 참된 아름다움을 불순물이 조금도 섞이지 않은 맑고 순수한 상태로, 그리고 유한한 인간의 찌든 때와 허영과 겉 치례들의 방해 없이(pure and clear and unalloyed, not clogged with the pollutions of mortality and all the colours and vanities of human life) 볼 수 있다면, 또 오로지 그곳만 바라보고 그 참된 아름다움과 대화할 수 있다면, 어떻게 될까요? 이러한 교류 속에서 오직 마음의 눈으로만 아름다움을 바라볼 때(beholding beauty with the eye of the mind), 그는 아름다움의 그림자가 아니라 참된 아름다움(not images of beauty, but realities)을 산출할 수 있습니다. (왜냐하면 그는 그림자를 포착한 것이 아니라 실재를 포착했기 때문입니다). 동시에 그는 참된 덕(true virtue)을 낳고 길러, 마침내

신의 친구가 되고, 또 불멸의 존재가 됩니다. 만일 인간도 불멸할 수 있다면 말이에요. 이런 삶을 사는 사람은 결코 천박한 존재가 될 수 없어요."

# 파이돈

『파이돈』(Phaedo)은 『크리톤』(Crito), 『소크라테스의 변명』(Apology)과 함께 소크라테스의 마지막 날을 묘사하고 있는 3대 대화록이다. 약을 마시고 죽기 직전의 대화이므로 주제는 자연스럽게 사후 세계에 대한 이야기이다. 소크라테스는 여기서 사후의 삶과 영혼 불멸설을 묘사하고 있고, 죽음을 연습하는 것이 철학이라는 이야기를 하고 있다. 영혼 불사를 주장하는 가운데 이데아론과 상기(想起) 이론 그리고 현상적 사물의 근거로서의 분유(分有) 이론이 우화들과 함께 등장한다.

외모가 중시되고 정신 같은 것은 별로 중요하게 여겨지지 않는 오늘날 몸은 추악하며 영혼만이 순수하고 가치 있는 것이라고 말하는 영혼불사론은 다소 난감한 주제인 것이 사실이다. 그러나 이데아 사상을 쉽게 설명해 주고, 현대 인문학의 중심 화두인 시뮬라크르 이론을 설득력 있게 제시해 주며, 서양 철학에 뿌리 깊이 물든 이원론의 근원을 발견하게 해 준다는 점이 이 대화록의 장점이다.

여기서 우리는 영혼(soul)과 육체(body), 정신(mind)과 물질(matter), 지성(intellect)과 감성(sense), 이성(reason)과 감정(emotion), 실재(reality)와 가상(假象, appearance), 하나(unity)와 다수(plurality), 완전성(perfection)과 불완전성(imperfection), 불사(immortal)와 가사(可死, mortal), 지속성(permanence)과 변화(change), 영원(eternal)과 일시성(temporal), 신적인(divine) 것과 인간적인(human) 것, 천상(天上, heaven)과 지상(地上, earth) 등의 이항 대립들을 확인할 수 있다.

이 모두가 서양 철학의 영원한 주제이다. 데리다가 플라톤의 사상을 비판할 때 근거로 삼은 것도 이 이원론적 사고였고, 들뢰즈가 『의미의 논리』에서 『이상한 나라의 앨리스』를 인용하며 사건의 존재론을 개진할 때 근거로 삼은 것도 바로 이 이원론적 생성의 원리였다.

흔히 산파술(産婆術)이라 불리는 소크라테스의 변증술(辨證術, dialectic)적 대화 또한 우리의 감탄을 자아내며 읽는

재미를 더 해준다. 물론 그의 변증술적 대화들은 너무 세밀하고 민감하여 크기, 작기, 짝수, 홀수 같은 지극히 쉬운 일상적 단어들을 사용하고 있음에도 불구하고 난해한 철학적 개념어보다 더 어려운 것이 사실이다. 그러나 기본적인 원리를 염두에 두고 읽으면 이것 역시 그렇게 어려운 것은 아니다.

기본 원리는 다음과 같다. 우선 우리의 일상생활 속에서 모든 성질들은 상대적이다. 여기서도 이원론이 작동한다. 큰 것은 작은 것이 있기 때문에 크고, 작은 것은 큰 것이 있기 때문에 작다. 아름다움은 옆에 추함이 있기 때문에 아름답고, 추한 것은 옆에 아름다운 것이 있기 때문에 추하다. 모든 반대의 성질은 그 반대의 성질들에서 나온다. 이것이 현상계의 원리다.

그러나 현상계는 이데아계의 한 낱 그림자에 불과하다는 것이 소크라테스—플라톤의 생각이다. 그렇다면 현상계의 사물이 모델로 삼고 있는 원본인 이데아의 세계는 어떠할까?

이데아는 영원하고 불변인 단 하나의 본질이다. 우리가 살고 있는 지상의 세계에서 아름다운 것은 무수히 많지만 이데아의 하늘에 아름다움의 이데아는 딱 하나가 있다. 우리가 살고 있는 현상계 안에서 정의로운 것은 무수히 많지만 이데아의 하늘에 정의의 이데아는 딱 하나가 있다. 하나의 금형(金型)에서 수많은 기계를 찍어내듯, 그리고 하나의 설계도를 가지고 수백

만대의 자동차를 생산해 내듯, 이데아는 단 하나고, 그것을 모방한 현상계의 사물은 무수히 많다. 위에 예를 든 이항 대립중 하나(unity)와 다수(plurality)의 쌍이 바로 이것이다.

'단 하나' 또는 '유일함'이 이데아계의 특징이라면 '무수함', '다수성'은 현상계의 특징이다. 그런데 현상계 안의 무수한 사물들이 그 똑같은 이름의 이데아와 비슷한 성질을 띨 수 있는 것은 그것이 이데아의 성질을 나눠 가짐으로써 이다. 다시 말하지만 이데아의 하늘에 탁자의 이데아는 딱 하나 있고 현상계 안에는 탁자가 무수히 많다. 이 탁자들은 비록 불완전한 상태이나마, 유일한 탁자의 이데아와 비슷한 성질을 갖고 있다. 왜냐하면 탁자의 이데아의 성질을 조금씩 나눠 가졌기 때문이다. 이것이 분유(分有) 이론이다.

그렇다면 이데아계에 있는 이데아들의 성질은, 현상계 안의 사물들이 그랬던 것처럼 서로 상반되는 것에서 상반되는 것이 나오는 것일까? 그렇지 않다. 그것은 '큼' 자체, '작음' 자체, '아름다움' 자체, '추함' 자체이다. 다시 말하면 절대적 큼, 절대적 작음, 절대적 아름다움, 절대적 추함이다. 이원론은 현상계에 적용되는 원리일뿐, 이데아계에는 이원론이라는 것이 있을 수 없다.

소크라테스의 실타래 얽히듯 복잡한 대화는 바로 이것을 이야기하고 있다. 자, 그러면 이제 난해함에 대한 두려움 없이 편하게 『파이돈』을 읽어 보기로 하자.


## 연달아 이어지는 쾌락과 고통

쾌락이란 참 이상야릇한 거야. 고통은 쾌락의 반대인데, 그 관계가 참 묘하단 말이야. 이 두 가지 것이 동시에 한 사람에게 일어나는 법은 없으면서도, 그 중의 하나를 추구하면 대체로 반드시 다른 하나도 얻게 되는 군. 마치 두 개의 몸에 머리가 하나 달린 괴물 같아. 내가 직접 경험해 보니 알겠어. 쇠사슬 때문에 발이 아프더니 곧장 쾌감이 뒤따르는군.


## 시각이나 청각 등 우리의 감각은 전혀 믿을 만한 게 못된다

지식의 획득에 대해 생각해 보세. 육체가 지식의 탐구에 가담할 때, 그것은 방해가 되겠는가 도움이 되겠는가? 내가 말하려는 것은 시각이나 청각 안에 무슨 진실이 있는가 (have sight and hearing any truth in them?) 하는 것일세. 시인들도 늘 하는 말이지만, 시각이나 청각은 아주 부정확한 목격자(inaccurate witnesses)가 아니겠는가. 그런데 이것들

마저 부정확하고 불분명한 것이라면, 나머지 감각들은 어떠하겠는가? 왜냐하면 시각이나 청각은 감각 중에서도 최고의 감각임을 자네가 인정하겠으니 말일세.

'사실 다른 감각은 그것들만 못하겠지요.'

그러면 영혼은 언제 진실에 도달하는 것일까? 육체와 더불어 무엇을 고찰하려 하면 영혼은 속을 것이 뻔하니 말일세. (for in attempting to consider anything in company with the body she is obviously deceived).

'옳은 말씀입니다.'

## 참된 존재는 사유를 통해서만 드러나

그러면 참된 존재가 드러나는 것은 사유 속에서가 아닐까? (Then must not true existence be revealed to her in thought, if at all?)

'그렇지요.'

그리고 사유는, 정신이 자기 자신에 몰입할 때, 즉 청각이나 시각이나 또 고통이나 쾌락이 정신을 괴롭히는 일이 전혀 없을 때 최고의 상태를 유지하는 거야. 이 때 영혼은 육체를 떠나 될 수 있는 대로 그것과 상관하지 않아야 하고, 육체적 감각이나 욕망을 전혀 갖지 않은 채, 참으로 존재하는 것만을 추구해야 하네 (when she has no bodily sense or desire, but is aspiring after true being).

'분명히 그렇습니다.'

또 철학자는 이와 같이 육체를 신통치 않게 여기며, 그 영혼은 육체에서 피하여 홀로 있으려 하는 것이 아닐까?

'옳은 말씀입니다.'

그러면 심미아스, 절대적 정의(absolute justice)라는 게 있을까? 그런 건 없는 것일까?

'확실히 있습니다.'

절대미(absolute beauty)와 절대선(absolute good)은 어떤가?

'물론 있지요.'

그런데 자넨 이런 것을 눈으로 본 일이 있나?

'한 번도 없습니다.'

혹은 신체의 다른 어떤 감관으로 이런 것을 파악한 적이 있는가? 이 밖에도 큼 자체, 건강 자체, 힘 자체, 여하튼 모든 것의 본질이랄까 참 본성에 대해서는 어떠한가. 이런 것들의 실재를 신체 기관으로 지각해 본 적이 있는가? 대상의 본질을 가장 정확하게 파악하기 위해 자신의 지성적인 통찰력(intellectual vision)을 구사하는 사람만이 이 여러 가지 본성들의 참 인식에 가장 가까이(nearest approach to the knowledge) 나아갈 수 있는 것이 아닐까?

'그렇습니다.'

그리고 순전히 정신만을 가지고 각각의 대상에 나아가고, 이성의 활동인 사유에 시각이나 그 밖의 감각을 끌어들이지 않고, 오로지 정신 자체의 밝은 빛만으로(with the very light of the mind) 대상의 참된 진실을 추구하는 사람만이, 즉 가능한 한 눈이나 귀 아니 온 신체를 배제하는 사람만이 그 대상들의 가장 순수한 인식에 도달하는 것이 아닐까? 왜냐하면 이런 감각들은 올바른 견해를 교란시키는 요소들이고, 영혼을 오염시켜 영혼이 진리와 지혜를 얻는 것을 방해하기 때문이지. 이런 사람 말고 그 누가 참 존재의 인식에 도달할 수 있을까(who, if not he, is likely to attain to the knowledge of true being)?

## 더러운 육체, 순수한 영혼 그리고 친화성(affinity)

순수인식을 가지려면 육체를 떠나야 한다는 것을 우리는 분명히 알 수 있네. 본연의 모습으로 돌아간 영혼만이 있는 그대로의 사물들을 바라 볼 수 있을 것이네(the soul in herself must behold things in themselves). 이렇게 될 때 비로소 우리는 우리가 구하여 마지않는 지혜(wisdom)에 도달할 수 있을 것일세. 그런데 우리가 이 지혜에 도달하게 되는 것은 우리가 살아 있는 동안이 아니고, 죽은 후의 일일 거야. 영혼이 육체와 함께 있는 동안은 순수한 인식을 가질 수 없다고 하면, 두 가지 일 가운데 하나가 가능할 것이기에 말일세. 즉 인식에 도달할 수 없든가 그렇지 않으면 죽은 후에야 도달할 수 있든가.

그 때에만, 오로지 그 때에만 영혼은 육체를 떠나 홀로 있게 될 것일세. 살아 있는 동안은, 우리가 될 수 있는 대로 육체와 상관하지도 않고 어울리지도 않으며, 또 육체적인 성질에 젖지 않고, 신이 우리를 해방시켜 줄 때까지 우리 자신을 깨끗하게 지켜야 인식에 가장 가까이 이를 수 있다고 생각하네. 이와 같이 육체의 어리석음에서 벗어나 깨끗하게 되어야 우리는 순수한 것들과 교류하면서, 도처에서 깨끗한 빛, 다시 말해 진리의 빛(the light of truth)을 식별할 수 있게 되네.

무릇 깨끗하지 못한 것은 깨끗한 것에 가까이 갈 수 없을 것이니 말일세. 오오 심미아스, 이와 같은 것이 참으로 지혜를 사랑하는 철학자가 서로 주고받는 말일 것이며 또 생각하는 것이야. 자네도 이렇게 생각할 줄 아는데, 어떤가?

'사실 그렇습니다.'

육체로부터의 영혼의 이 분리 및 해방을 죽음이라고 하는 것이 아닌가?

'그렇지요.'

참된 철학자들이, 그리고 오직 그들만이 영혼을 이와 같이 해방시키려 하는 거야. 육체로부터의 영혼의 분리와 해방이야말로 철학자들이 특별히 마음을 쓰는 것 아닌가?

'확실히 그렇습니다.'

오오 심미아스, 참된 철학자는 늘 죽는 일에 마음을 쓰고, 따라서 모든 사람 가운데 죽음을 가장 덜 무서워하는 자일세. 이렇게 생각해 보게. 저들이 늘 육체와 싸우고, 영혼과 더불어 순수하게 되기를 원했다고 하면, 저들의 이 소원이 성취되었을 때, 만일 저들이 거기 도착하면 저들이 이 세상에서 바라던 것 - 즉 지혜 -을 얻게 될 희망이 있고 동시에 저들의 원수와 함께 있지 않게 될 곳으로 떠나려 할 즈음에 기뻐하지 않고 도리어 떨고 싫어하는 것처럼 모순된 일이 또 어디 있겠는가? 그는 저 세상에서, 그리고 거기에서만 순수한 지혜를 발견할 수 있다는 굳은 신념을 가지고 있겠으니 말일세. 이게 사실이라면, 내가 말한 것처럼, 그가 죽음을 두려워한다는 것은 당치 않은 소리일거야.

'정말 그럴 겁니다.'

## 죽은 자 가운데서 태어나는 산 자

'오오 소크라테스, 당신의 말씀의 대부분에 저도 동의합니다. 그러나 영혼에 관한 말씀에 대해서는 미심쩍어할 사람이 많을 거 에요. 즉 영혼이 육체를 떠나면 이제 아무 데에도 없고 사람이 죽은 그 날 사멸하고 끝장을 보는 것이요, 육체에서 떠나자마자 연기나 입김처럼 흩어져 버리고 사라져 없어지는 것이라고 생각하여 두려워하고들 있습니다. 만일 영혼이 자기 자신을 고이 간직하여 선생님이 말씀하시는 여러 가지 불행에서 벗어나 사후에도 존재할 수만 있다면, 선생님의 말씀이 옳다고 볼 수 있는 충분한 이유가 있겠지요. 그러나 사람이 죽은 후에도 그 영혼은 그대로 존속해 가며 어떤 힘과 지혜를 가지고 있다는 것을 증명하는 데에는 적지 않은 설득과 증거가 필요합니다.'

먼저 사람이 죽은 후 그 영혼이 지하 세계에 있는지 아닌지 생각해 보기로 하세. 옛말에, 죽은 사람들의 영혼이 이 세상에서 저 세상으로 갔다가 다시 이 세상으로 돌아와, 죽은 자 가운데서 다시 살아난다고 하는 얘기가 생각나네. 만일 산 사람이 죽은 사람으로부터 오는 것이라면 우리의 영혼은 저 세상에 있어야 할 것 아닌가? 그렇지 않다고 하면 영혼이 어떻게 다시 태어난단 말인가? 산 사람이 오직 죽은 사람으로부터만 태어난다는 증거만 있으면, 이 이론은 결정적일세. 그러나 만일 그런 증거가 없다면 다른 논의가 더 필요하겠지.

## 생성하는 모든 것의 성질은 반대 성질에서 생겨나

좀 더 쉽게 이해하고 싶으면, 이 문제를 인간에 관해서만 생각하지 말고, 동물 전체와 식물 전체 또 생성하는 모든 것(of which there is generation)에 관해서 생각해 보게. 반대 성질을 가지고 있는 것은 모두 그 반대 성질로부터 생기는 것이 아닌가(Are not all things which have opposites generated out of their opposites)? 가령 선함과 악함, 옳음과 옳지 않음 같은 것 말일세. 이 밖에도 반대 것에서 생기는 것들이 무수히 있지. 이제 반대 것을 가지고 있는 모든 것이 반드시 그 반대 것으로부터 오고 결코 딴 데서 오지 않는다는 것을 살펴보기로 하세.

 가령 어떤 것이든지 더 크게 된다는 것은 좀 전에 작았기 때문에 지금 더 크게 된 것 아닌가(anything which becomes greater must become greater after being less)? 작아지는 것은 조금 아까 큰 것이었기 때문에 지금 작아진 것이고(that which becomes less must have been once greater and then have become less). 보다 약한 것은 보다 강한 것에서 나왔고, 보다 빠른 것은 보다 느린 것에서 나왔어. 보다 나쁜 것은 보다 좋은 것에서, 보다 옳은 것은 보다 옳지 않은 것에서 나왔어. 그러면 상반하는 모든 것들에 대해서 이렇게 말할 수 있을까? 즉 그것들 모두가 반대 것들에서 나왔다고 말이야 (all of them are generated out of opposites)?

 모든 반대되는 것들 사이에는 끊임없이 한 쪽 편에서 반대편으로 또 그 쪽에서 이쪽으로 되돌아오는 두 가지 중간 과정이 있지 않을까? 가령 보다 큰 것과 보다 작은 것이 있으면 거기에는 증가와 감소라는 중간 과정이 있지(where there is a greater and a less there is also an intermediate process of increase and diminution) 않은가? 우리는 자라나는 것을 커진다고 하고, 부식(腐蝕)하는 것은 이지러든다고 하지(that which grows is said to wax, and that which decays to wane).

그 밖에도 분리에서 결합으로, 또 차가운 것에서 뜨거운 것으로의 과정에서 볼 수 있듯이, 이것에서 저것이 생기고 또 저것에서 이것이 생기네. 이 모든 경우에 우리가 일일이 명칭을 붙이고 있지는 않지만 상반하는 것들은 모두 반드시 이와 같이 서로 서로 반대 것에서 나오고 또 그 사이에는 이동의 과정이 있는 것이 아닐까?

오오 친애하는 케베스, 만일 생명 있는 모든 것이 죽고, 죽은 다음에는 죽은 상태에 머물러 있고 다시 생명을 가지게 되는 일이 없다고 하면, 결국은 모든 것이 죽고 살아 있는 것이라곤 하나도 없게 될 것이 아닌가. 이 밖에 다른 어떤 결과가 있을 수 있는가? 만일 살아있는 것이 다른 어떤 것들로부터 나오고, 이것들 역시 사멸한다고 하면 결국 모든 것은 죽음 속에 파묻히게 될 것이 아닌가?

### 상기(想起) 이론

'안다는 것은 다름 아닌 상기(想起, recollection)라고 하는 이론이 옳다고 하면, 우리가 상기하고 있는 것을 우리는 예전에 배운 일이 있었다는 결론이 나옵니다. 이것은 우리의 영혼이 사람의 형태를 가지고 태어나기에 앞서 어떤 곳에

있지 않았다고 하면 불가능한 일일 것입니다. 여기에도 영혼 불사의 증거가 있을 것 같습니다.'

상기는 닮은 것에서 생길 수도 있고, 닮지 않은 것에서 생길 수도 있지 않겠나(the recollection may be derived from things either like or unlike)?

'그렇지요.'

만일 상기가 닮은 것에서 생기는 경우, 그 닮은 것이, 상기되고 있는 것을 제대로 닮았는지 그렇지 못한지의 문제가 생기지 않을까?

'네 생기지요.'


### 원본 - 복제 - 시뮬라크르

더 나아가, 단순히 어떤 나무 조각 하나가 다른 나무 조각과 같다든가 혹은 어떤 돌 하나가 다른 돌과 같다든가 하는 것을 넘어서서, 절대적 '같음'이란 게 있지 않을까 (there is such a thing as equality, not of one piece of wood or stone with another, but that, over and above this, there is absolute equality)?

'그럴 수 있을 겁니다.'

그러면 우리는 이 절대적 본질의 성질(nature of this absolute essence)이 무엇인지 알고 있는가?

'네, 알고 있어요.'

어디서 우리는 그 지식을 얻어 왔는가? 나무 조각이나 돌 같은 물질적인 것들의 같음을 보고 이것들로부터 '같음'의 관념을 가지게 된 것이 아닐까? 왜냐하면 '같음'이라는 관념과 구체적 사물들의 같음 사이에는 차이가 있다는 것을 자네도 인정할 테니 말일세. 혹은 이렇게 한 번 생각해 보게. 똑같은 나무 조각이나 돌이 어떤 때는 같게 보이고 어떤 때는 같지 않게 보이지 않는가?

'그래요.'

그런데, 진정한 '같음'이 '같지않음'인 적이 있었나(are real equals ever unequal)? 즉 '같음'이라는 관념과 '안 같음'이라는 관념이 서로 동일한 것인가(is the idea of equality the same as of inequality?) 말일세.

'그런 일은 절대로 없었지요.'

그러니까 우리가 '같은 것들'이라고 부르는 것은 '같음'의 관념 그 자체는 아니지 (so-called equals are not the same with the idea of equality)?

'아니지요.'

그런데 비록 '같음' 자체는 아니지만 여하튼 자기들끼리 서로서로 같은 사물들을 보고 자네는 '같음'이라는 관념을 얻거나 생각해 내지 않았는가?

'그렇지요.'

그런데 그 '같음'의 관념은 사물들의 서로 같음과 닮을 수도 있고 안 닮을 수도 있을테지(wich might be like, or might be unlike them)?

'네 그래요.'

그건 어떻든 상관없어. 아무튼 자네가 어떤 것을 보고 다른 것을 마음에 생각한다면, 그 양자가 닮았건 안 닮았건, 확실히 그것은 하나의 상기일테지?

'그렇습니다.'

자 그러면 말이야, 나무나 돌 혹은 다른 물질의 같은 부분들은 어떠한가? 거기서 어떤 인상을 받는가? 그것은 '같음' 자체의 같음과 똑같은 의미에서 같은가? 아니면 이 완벽한 같음에 비해 어느 정도 좀 뒤떨어지는가?

'훨씬 못하지요.'

그리고 우리는 이런 것도 인정해야 하지 않을까? 가령 나나 혹은 어떤 다른 사람이 어떤 물건을 보고 그것이 다른 어떤 것과 같게 되려고 하지만 그렇게 되지 못하고 거기 미치지 못함을 아는 경우 우리는 그것이 닮고는 있으나 미치지 못하는 다른 어떤 것을 미리 알고 있어야만 한다는 (he must have had a previous knowledge of that to which the other, although similar, was inferior) 사실 말일세.

'물론입니다.'

이런 일은, 우리가 앞에서 보았던 '같은 것들'과 '절대적 같음'에도 그대로 적용되는 이야기가 아닐까?

'그렇습지요.'


**출생 전에 이미 획득한 지식 – 이데아의 존재를 증명하다**

그러면 우리가 처음으로 같은 물건들을 보고, 그것들이 모두 절대적 같음에 도달하려고 애쓰지만 거기에 미치지는 못한다, 라고 생각했을 때, 사실 우리는 이미 '같음'의 관념을 알고 있었던 것이 아닐까?

'그렇습니다.'

그리고 또 우리는 이런 것에도 주목해야 하네. 즉 같음 자체란 시각, 촉각 혹은 그 밖의 다른 감각들을 통해서만 알 수 있었다는 것 말일세.

'오오 소크라테스, 이론의 전개로 보아 그럴 수밖에 없

지요.'

그러면 말이야, 모든 감각적인 사물들이 절대적 같음에 도달하려 하지만 거기 미치지 못한다는 것을 우리가 아는 것은 오직 우리의 감각기관들을 통해서만 되는 일이란 말이지?

'네.'

그러면 우리는, 보거나 듣거나 혹은 이 밖에 어떤 식으로 지각하기에 앞서, 이미 '같음' 그 자체를 알고 있었음에 틀림없어. 그렇지 않다고 하면 감각을 통해서 알게 된 여러 가지 같은 것들을 대조할 기준이 없을 테니까. 오로지 그 기준에 의거해서만 우리는 이것들이 모두 절대적 '같음'이 되고 싶어 하지만 거기 미치지 못한다는 것을 아는 거야.

'지금까지 말해온 것에서 보면 당연히 그렇지요.'

그런데 우리는 이 세상에 태어나는 즉시로 보기도 하고 듣기도 하며, 또 이 밖의 다른 감관을 사용하게 된 것이 아닐까?

'그렇지요.'

그러면 그 전에 우리는 같음의 지식을 가졌어야만 할 것이 아닌가?

'그렇지요.'

그건 우리가 이 세상에 태어나기 전이란 말일테지.

'그렇습니다.'

자 그러면, 이런 지식을 우리가 이 세상에 태어나기 전에 이미 취득했고, 또 나면서부터 그것을 쓸 줄 알았다면, 우리는 또한 출생하기 전에 그리고 출생한 직후에도 '같음'이나 '보다 큼' 및 '보다 작음'만이 아니라 이 밖의 다른 모든 관념들을 알았을 것일세. 우리는 지금 '같음'만 갖고 이야기하는 것이 아니라 아름다움, 선(善), 신성함 등, 모든 질문과 응답의 변증론적 과정에서 본질이란 말을 붙일 수 있는 모든 것에 대해 말하고 있는 것이네. 이 모든 것에 대해서 우리는 이미 출생 전에 그 지식을 획득했다고 단언할 수 있지 않을까?

'그럴 수 있겠지요.'

그리고 우리가 일단 그것을 인식하고, 그 각각의 경우에 획득한 것을 잊어버리지 않는다면, 우리는 그것을 계속해서 알며, 또 일생 동안 알 것이 아닌가? 안다는 것은 어떤 것에 대한 지식을 획득하고 그것을 그대로 유지해 가면서 그것을 상실하지 않는 것이니 말일세. 오오 심미아스, 망각이란 지식을 잃는 것이 아닌가?

'옳은 말씀입니다.'

그러나 우리가 출생하기 전에 획득한 지식을 출생시에 잃어버리고 나중에 감각을 사용하여 다시 그것을 회복(recover)하는 것이라고 한다면 우리가 학습(learning)이라고 부르는 것은 우리가 본래 가지고 있던 지식을 회복하는 것이고, 이것의 올바른 명칭은 상기(想起, recollection)가 아닐까?

'옳은 일입니다.'

그러면 언제 우리의 영혼이 그것들에 관한 지식을 얻었을까? 우리가 세상에 태어난 후가 아닌 것은 확실하니 말일세.

'네, 출생한 후가 아닙니다.'

그러면 출생 전인가?

'네, 그렇습니다.'

그러니 오오 심미아스, 우리들의 영혼은 우리들의 육체가 인간의 형상을 취하기 전에 육체를 떠나 있었고, 또 생각하는 능력(intelligence)도 가지고 있었을 것일세.

'우리가 이 모든 지식을 바로 출생시에 얻는 것이 아니라면 그럴 테지요. 이 출생시라는 게 생전과 생후를 빼고 유일하게 남아 있는 때니까요.'

그렇지 오오 나의 벗이여, 그러면 우리는 언제 그것을 잃어버리는가? 생후에 우리가 그것들을 가지고 있지 않다는 것은 분명하니 말일세. 우리는 그것들을 얻는 순간 잃어버리는가? 그렇지 않으면 다른 어느 때에 잃어버리는가?

'오오 소크라테스, 그럴 수 없어요. 저는 정신없이 무의미한 소리를 하고 있었습니다.'

그러면 오오 심미아스, 우리가 늘 거듭 말해온 바와 같이 아름다움, 선 및 모든 것에 본질이 있다고 하면 그리고 우리가 이 세상에 태어나기 전에 이미 있었고 또 우리가 지금 가지고 있음을 방금 우리가 발견한 이것들에 우리가 우리의 모든 감각을 비추어 보는 것이라고 하면 우리들의 영혼도 이 세상에 태어나기 전에 존재했음이 필연적인 일이 아닌가? 그렇지 않다고 하면 우리의 논의는 공연한 것이 아니겠는가? 그러니 이런 것들도, 또 우리들의 영혼도 우리가 이 세상에 태어나기 전에 있었을 것일세. 그런 것들이 없다고 하면 우리들의 영혼도 없을 것일세.

'오오 소크라테스, 저는 이제 전자나 후자가 다 똑같은 필연성을 가지고 존재함을 확신합니다. 이제 우리의 논의는, 영혼이 출생 전에 있다고 하는 것과 만물에 본질이 있다는 것이 불가분의 관계에 있다는 결론에 도달했습니다. 이제 저에게는 아름다움, 선 그리고 이 밖에 선생님이 말씀하시는 개념들이 최고의 실재이며 절대적 존재라는 사실

(beauty, goodeness, and the other notions have a most real and absolute existence)이 명백해졌습니다. 저는 그것이 충분히 증명되었다고 봅니다.'

## 존재의 두 종류, 가시적(可視的)인 것과 비가시적(非可視的)인 것

합성되어 있는 것 혹은 혼성(混成)의 것(the compound or composite)은 합성의 가능성만큼이나 분해될 가능성도 갖고 있지 않은가? 그러나 합성되어 있지 않은 것(uncompounded)은, 만일 그런 것이 존재한다면, 결코 분해될 수 없지(indissoluble) 않은가?

'그럴 것 같습니다.'

합성되지 않은 것은 항상 그대로 있으면서 불변(the same and unchanging)하는데 반해, 합성된 것은 항상 변화하며 절대로 동일하게 있지 않을 테지(always changing and never the same)?

'저도 그렇게 생각합니다.'

그러면 우리가 변증론적 과정에서 본질 혹은 참 존재로 규정했던 그 관념 혹은 본질도 그러한가? 예컨대 '같음',

'아름다움' 등등의 본질들은 때에 따라 어느 정도 변화하는가(are these essences liable at times to some degree of change)? 아니면 언제나 그대로 있으면서, 불변하는 모습으로 독자적으로 존재하며, 또 어느 방식, 어느 때를 막론하고 달라지지 않는 것일까(having the same simple self-existent and unchanging forms, not admitting of variation at all, or in any way, or at any time)?

'오오 소크라테스, 그것들은 언제나 그대로 있을 겁니다.'

그러면 수많은 다수의 아름다운 것들은 어떨까? 즉 사람이나 말이나 옷이나 그 밖에 어떤 것이나 아름답다는 말을 듣는 모든 개별적인 것들은 불변하며 언제나 그대로 있을까? 아니면 반대로 그 자체에 있어서나 상호간에 있어서 거의 언제나 변화무쌍하여 그대로 있는 법이 거의 없는 것이 아닐까(almost always changing and hardly ever the same)?

'그것들은 항상 변하고 있습니다.'

이것들을 자네는 손으로 만져 볼 수도 있고 눈으로 볼 수도 있고 또 다른 감관으로 지각할 수도 있으나 불변하는 것들은 오직 정신으로만 파악할 수 있는 것이요, 눈에는 보이지 않는 것이 아닐까(but the unchanging things you can only perceive with the mind — they are invisible and are not seen)?

'확실히 그렇습니다.'

그러면 존재하는 것에는 두 가지 종류가 있다고 가정해 보면 어떨까? 눈에 보이는 것과 눈에 보이지 않는 것과 말이야.

'좋습니다.'

눈에 보이는 것은 변하는 것이요, 눈에 보이지 않는 것은 변하지 않는 것일 테지(The seen is the changing, and the unseen is the unchanging)?

'그럴 겁니다.'

## 육체는 가시성, 영혼은 비가시성

우리 자신을 두고 볼 때 그 일부는 육체이고, 또 다른 일부는 영혼이 아닌가?

'바로 그렇습니다.'

그러면 육체는 어떤 것에 더 가깝고 어떤 것을 더 닮았다고 보아야 할까?

'물론 눈에 보이는 것에 가깝지요. 이건 누구에게나 분명한 일일 겁니다.'

그러면 영혼은 어떤가? 눈에 보이는 것인가? 눈에 보이지 않는 것인가?

'적어도 사람에게는 보이지 않는 것이지요. 오오 소크라테스.'

그런데 보인다 안 보인다 하는 것은 사람의 눈으로 볼 수 있거나 혹은 볼 수 없는 것을 말하는 것이 아닐까?

'물론이지요.'

그러면 영혼은 보이는 것인가 안 보이는 것인가?

'안 보이는 것입니다.'

비가시적인 것이란 말이지?

'네.'

그럼 영혼은 비가시성에 더 가깝고 육체는 가시성에 더 가깝단 말이지(Then the soul is more like to the unseen, and the body to the seen)?

'당연히 그렇지요.'

아까도 말했지만 영혼이 지각의 수단으로서 신체를 사용할 때, 즉 시각이나 청각이나 이 밖의 다른 어떤 감각을 사용할 때 — 신체를 가지고 지각한다 함은 다름 아닌 감각을 통해서 지각하는 것이니 말일세 — 영혼은 신체에 이끌리어 변화하는 것들의 세계로 휩쓸려 들어가 방황하며 혼미에 빠지는 것이 아닐까? 그리하여 마치 술에 취한 사람처럼 허둥

지동하는 것이 아닐까?

'그렇습니다.'

그러면 앞서 말한 것과 지금 말한 것에서 미루어 영혼은 어느 종류에 더 가깝고 동질적인 것일까?

'오오 소크라테스, 지금까지 논한 것을 다 들은 사람이면 누구나 영혼은, 변하는 것보다 불변하는 것을 무한히 더 닮았다고 생각할 줄 압니다. 가장 무식한 사람도 그것을 부인하지는 못할 거에요.'

그러면 육체는 변하는 것과 더 비슷하단 말이지?

'네.'

이렇게 한 번 생각해 보게. 영혼과 육체가 함께 결합되어 있을 때, 자연은 영혼으로 하여금 주인이 되어 지배하게 하고(rule and govern) 육체는 노예가 되어 섬기도록(obey and serve) 해 놓았어. 이 두 가지 일 가운데 어느 것이 더 신적인 것인가? 그리고 어느 것이 사멸(死滅, mortal)하는 인간적인 것인가? 신적인 것은 지배하고 인도하는 것이요, 인간적인 것은 지배를 받고 섬기는 것이라 여겨지지 않는가?

'네, 그렇게 생각이 되요.'

그러면 영혼은 그 중의 어느 것을 닮았지?

'오오 소크라테스, 분명히 영혼은 신적인 것을 닮았고, 육체는 사멸하는 것을 닮았지요'.

그러면 오오 케베스, 이것이 결국 지금까지 말한 모든 것의 결론이 아닌지 한 번 생각해 보게. 즉 영혼은 신적인 것과 흡사하고 불멸하며, 예지적이요, 한결같은 모습으로서, 분해할 수 없으며, 불변하는 것인데(divine, and immortal, and intellectual, and uniform, and indissoluble, and unchangeable) 이에 반하여 육체는 인간적이고, 사멸적이요, 비예지적이며, 다형다양하고, 분해될 수 있으며, 또 가변적인 것이라고(in the very likeness of the human, and mortal, and unintellectual, and multiform, and dissoluble, and changeable). 이에 대해 이론(異論)을 내세울 수 있을까?

'없습니다.'

그렇다면 육체는 얼마 안 가서 분해되고 말 것인데, 영혼은 거의 혹은 전혀 분해되지 않는 것이 아닐까?

'분명히 그렇습니다.'

## 철학은 죽음의 연습

우리가 죽을 때 영혼은 보이지 않으면서 순수하고 고상한 곳, 선하시고 지혜로우신 신이 계신 곳으로 가는 거야. 이런 본성을 지닌 영혼이 육체를 떠나는 즉시로, 많은 사람들이 말하는 것처럼, 바람에 흩날리고 소멸할 것인가? 오오 심미아스와 케베스, 절대로 그럴 수는 없어. 실상은 이와 반대야. 특히 이 세상에 사는 동안 육체와 어울리기를 애써 피하여 자기 자신을 가다듬던 영혼은 육체를 떠날 때에 깨끗하며 육체의 흔적을 전혀 가지지 않겠기에 더구나 그럴 수 없을 거야. 그와 같이 육체에서 해탈할 것을 일생 동안 연구한 영혼, 즉 참으로 철학적인 영혼은 항상 죽음을 연습해 온 터인데, 철학은 다름 아닌 죽음의 연습이 아닌가?

'그렇고말고요.'

그런 영혼은 무형한 것으로서 역시 무형한 세계, 즉 신적이고 불멸하며 예지적인 세계를 향하는 것이 아닐까? 그리고 그 곳에 다다르면 인간이 과오와 우매, 공포와 야욕 및 그 밖의 온갖 악에서 해방되어 큰 해방을 얻고 마침내는 비밀교에 입교한 사람들을 두고 세상 사람들이 말하는 것처럼 영원토록 신들과 함께 있게 되는 것이 아닐까? 오오 케베스, 그렇지 않겠는가?

'의심할 여지 없습니다.'

오오 친애하는 벗이여, 이 육체적인 것은 무겁고 둔하며 또 땅의 성질을 띠고 있어(heavy and weighty and earthy).

'그럴 성 싶습니다. 오오 소크라테스.'


### 백조의 노래

　백조들은 이 세상에 사는 동안 늘 노래하는 것이지만, 죽음이 가까워 옴을 알면 자기들의 주인인 신들에게로 되돌아가게 됨을 기쁘게 여겨 더욱 아름답게 노래하네. 사람들은 자기들이 죽음을 무서워하니까 백조들도 죽음을 슬퍼하여 울부짖는 거라고 잘못 생각하고 있지. 사실은 두견새나 제비나 후투티나, 어떤 새를 막론하고 춥거나 배고프거나 고통스러울 때에는 노래하는 법이 없다는 것을 몰라서 그렇게 생각하는 거야. 이 새들은 슬퍼서 우는 거라고 사람들은 말하지만 나는 그렇게 생각하지 않네. 또 백조의 노래도 슬퍼서 우는 것이 아니라고 난 생각해. 백조들은 아폴로 신을 모시고 있으므로 그들에게는 예언의 능력이 있고, 저 세상에 있을 여러 가지 좋은 일을 미리 아는 거야. 그래서 죽음 직전에 어느 때보다 더 즐겁게 노래하며 기뻐하는 것이지. 나도 백조들과 함께 똑같은 신의 경건한 종(從)이므로 저들 못지않게 기쁜 마음으로 떠나는 것일세. 그런데 그 논의가 어떤 점에서 불충분한가?

## 화음과 거문고

'이런 점에서입니다. 가령 어떤 사람이 화음((harmony)과 거문고(lyre)에 대해 같은 논의를 전개한다고 생각해 보세요. 아마도 그 사람은 이렇게 말하겠죠. 화음은 거문고 속에 있는 것으로되, 보이지 않고 비물체적이며 완벽하고 신적인데(invisible, incorporeal, perfect, divine) 반해, 거문고와 그 현(絃)은 물체요, 물질적이며, 합성되어 있고 땅의 성질을 가지고 있으며 사멸하여 없어질 수밖에 없는 것들과 비슷한 성질을 가지고 있다(matter and material, composite, earthy, and akin to mortality)고요.

그래 누가 거문고를 부수고 줄을 끊거나 태우거나 하는 경우 선생님과 같은 견해를 품고 있는 사람은, 선생님과 비슷한 논법으로, 화음이 없어진 것이 아니고 어디엔가 그대로 계속해서 존재하는 거라고 주장할 테지요. 줄 없는 거문고나 부서진 줄은 그 사멸적(死滅的, mortal)인 성격에도 불구하고 그대로 남았는데, 신적(神的)이고 불멸(不滅)의 성질을 띤 화음이 사라져 없어졌다고는 도저히 상상할 수 없다고 하겠지요. 그 사람의 생각으로는 아무래도 화음은 어디까지나 어디엔가 있어야 할 것이고, 화음에 무슨 일이 생기기 전에 거문고의 나무판과 줄이 먼저 썩어 없어져야 되겠지요.

선생님의 마음에 떠오른 생각도 바로 이런 것이 아니겠어요? 즉 우리의 육체는 더위나 냉기 그리고 습기와 건조 같은 것으로 한데 뭉쳐 있는 것인데, 이런 것들을 정확한 비례로 잘 섞어 조화를 이루고 있는 것이 바로 영혼이라고 말입니다. 그런데 만일 육체의 줄이 질병이나 다른 상해로 말미암아 지나치게 느슨하게 되거나 너무 팽팽하게 조여져 있게 되면, 제아무리 신적이라 하더라도 영혼은 음악의 화음이나 다른 예술작품의 조화처럼 즉시 소멸해 버리고 말지 않을까요. 반면 육체의 잔해는 소각되거나 썩어서 없어질 때까지 꽤 오랫동안 존속합니다. 그러니 누군가가 영혼이란 육체의 여러 성분의 조화이므로, 죽음을 당하여 가장 먼저 소멸하는 것이 바로 영혼이라고 말한다면 우리는 뭐라고 대답해야 할까요?'

## 베 짜는 노인과 옷

(케베스도 이렇게 거들었다)

'저는 영혼이 육체 속에 들어가기 전에 존재한다는 것에 대해서는 반대하지 않습니다. 그것은 아주 훌륭하게 그리고 충분히 증명이 됐다고 봅니다. 그러나 죽은 후에도 영혼이 어디엔가 존재한다는 것은 증명이 안 된 것으로 봅니다. 그러나 제 반론은 심미아스의 반론과는 다릅니다. 저는 영혼이 육체보다 더 강하고 더 오래 존속한다는 것을 부인할 생각이 없고, 오히려 그런 면에서 영혼이 육체를 훨씬 능가한다고 생각하니까요. 그럼 왜 저는, 인간의 부분 중에서 보다 약한 것은 계속 존재하는데, 보다 더 오래 존속하는 것이 같은 기간 동안 살아남아 있어야 한다는 것을 인정하지 못할까요? 여기 대하여 저도 심미아스처럼 비유로 말씀 드리겠는데, 제 생각이 타당한지 한 번 들어봐 주세요.

저는 어떤 베 짜는 노인(old weaver)을 예로 들어 말할까 합니다. 그가 나이 많아 죽었다고 합시다. 그러면 어떤 사람은, 그 노인은 죽은 것이 아니고, 어디엔가 살아 있는데, 그 증거로는 그가 짜서 만들어 입었던 옷이 망가지지 않은 채 온전히(whole and undecayed) 남아 있는 것을 들 수 있노라고 말할 테지요. 혹 못 미더워하는 사람이 있으면, 그는 사람이 더 오래 지속되는가 아니면 옷이 더 오래 가는가, 라고 되묻겠지요. 사람이 더 오래 간다고 대답하면 사람보다 덜 오래 가는 것도 남아 있는데 그보다 더 오래 가는 사람이 살아남아 있다는 것은 충분히 증명되었다고 말하겠지요.

그러나 오오 심미아스, 나는 이것이 옳다고 생각하지 않아요. 이런 말이 터무니없다는 것은 누구나 알 수 있어요. 왜냐하면 그 직조공은 많은 옷을 지어서는 입고 버리고 했으므로 옷보다 오래 살았을 테지만, 맨 마지막에 지은 옷 보다는 오래 살지 못했어요. 그러나 이것이 사람보다 옷이 더 오래 간다는 증명은 될 수 없어요.

영혼과 육체에 대해서도 이와 같은 비유를 쓸 수 있겠지요. 그리하여 영혼은 더 오래 가고 육체는 영혼보다 약하고 단명(短命)하다고(weak and short-lived) 말할 수 있어요. 영혼들은 수많은 육체를 입고 버리고 입고 버리고 한다고도 할 수 있어요. 즉 사람의 육체는 언제나 용해(溶解)되고 썩어 없어지지만(deliquesce and decay) 영혼은 항상 새 옷을 짜거나, 아니면 헌 옷을 수선(weaves another garment and repairs the waste)하지요. 마침내 영혼이 죽는 날, 육체는 그 태생적인 허약함을 드러내며 재빨리 해체되어 사라지겠지요.

그러니 영혼이 육체보다 낫다는 것을 토대로 해서 전개하는 논의는 죽은 후에도 영혼이 계속해서 존재한다는 것을 충분히 증명한다고 볼 수 없어요. 설사 선생님께서 말씀하시는 것 이상을 인정하여, 영혼이 우리의 출생 전에 있었다는 것만 아니라, 어떤 사람의 영혼은 죽은 후에도 계속해서 존재하며, 여러 차례 태어났다 죽었다 한다는 것과, 또 영혼에는 그렇게 여러 번 태어났다 죽었다 할 만한 힘이 있다는 것을 인정한다 하더라도, 영혼이 마침내는 이와 같이 계속되는 분만에 지쳐(weary in the labours of successive births) 그 언젠가는 끝내 육체의 죽음과 함께 죽어서 완전히 사라지는 것이 아닌 가 생각되는군요. 이처럼 영혼에 그 최후의 파멸을 주는 육체의 죽음이 몇 번째의 것인지는 아무도 알 수 없지만 말이에요. 우리들 가운데 아무도 그런 경험을 한 적이 없으니까요.

사리가 이럴진대, 죽음을 무조건 믿는다(confident)는 것은 어리석은 일입니다. 영혼이 전적으로 불사(不死)하는 것이요, 결코 소멸하는 것이 아님(immortal and imperishable)을 증명할 수 없는 한 말입니다. 만일 영혼의 불사를 증명할 수 없다고 한다면, 죽음에 임박한 사람이, 육체가 해탈(disunited)되었을 때 영혼 역시 완전히 사멸(perish)할지도 모른다고 두려워하는 것은 당연한 거지요.'

## 어느 때는 더하는 것,
## 어느 때는 나누는 것이 똑같이 둘(2)의 원인이다?

나는 한 때 내가 좀 더 큰 것(greater)과 좀 더 작은 것(less)의 의미를 잘 아는 줄 생각했었네. 어떤 큰 사람이 작은 사람 곁에 서 있는 것을 보았을 때 한 사람이 다른 사람보다 머리 하나만큼 큰 거라고 생각했지. 또 어떤 말(馬)은 다른 말 보다 크고, 10은 8보다 2가 많다고 생각했어. 그리고 2척(cubit, 팔꿈치에서 가운데 손가락 끝까지의 길이)이 1척보다 많은데, 그것은 둘이 하나의 배(倍, double)이기 때문이라고 생각했지.

'지금은 어떻게 생각하시나요?'

그런 것 중 어느 하나에 대해서도 내가 그 원인을 안다고는 도저히 생각할 수 없네. 이제 나는 하나에 하나가 더해졌을 때 본래의 하나가 둘이 되었다고 볼 수도 없고 또 덧붙여지는 나중의 하나가 둘이 된다고도 볼 수 없게 되었네. 그것들이 따로따로 있을 때에는 각기 하나인데 함께 모아(addition) 나란히 놓으면(juxtaposition) 왜 둘이 되는 것인지 알 수 없단 말이야. 또 하나를 쪼개어(division) 둘로 만들 때에도 어째서 그 쪼갠다는 것이 둘로 되는 원인인지 이해할 수가 없어. 아까는 함께 모아 나란히 놓는 것이 둘의 원인인데 이제는 쪼개는 것이 원인이 되니 말이야. 또 이제 와서는 도대체 어째서 하나, 혹은 또 다른 어떤 것이 생겨났다가(generated) 파괴되는(destroyed) 것인지 잘 알 수가 없게 됐네.

### 참여, 분유(分有) participation, partake

나는 뭇 사람의 입에 자주 오르내리고 있는 저 유명한 낱말들을 다시 써서 절대미(absolute beauty), 절대선(absolute goodness), 절대적 큼(大, absolute greatness) 등이 있다고 하는 전제에서 출발하려 하네. 이 여러 낱말을 가지고 시작하여, 원인이 무엇임을 자네에게 설명할 수도 있겠고, 또 영혼의 불멸도 증명할 수 있으리라 생각하네.

'인정합니다.'

내 생각으로는 절대미(絶對美) 이외의 다른 어떤 아름다움이 있다고 하면 그것은 오직 그것이 절대미에 참여함으로써만 가능한 것이네(if there be anything beautiful other than absolute beauty, it can be beautiful only in so far as it partakes of absolute beauty). 또 이 밖의 모든 것에 있어서도 이와 같이 말할 수밖에 없네 – 자네는 원인에 대해서도 이와 같은 생각에 동의하는가?

'네, 동의합니다.'

혹 어떤 사람이 나더러 아름다운 빛깔, 모양 혹은 이 비슷한 어떤 것들이 아름다움의 원인이라고 말한다면, 나는 그 사람에게 좋은 말씀이오, 하고는 그 당혹스러운 말을 받아들이지는 않을 것일세. 다만 나는 우직하게 다음과 같은 생각을 고수할 것이네. 즉 하나의 사물이 아름다운 것은 아름다움 자체가 거기 있거나, 혹은 그것이 아름다움 자체에 참여하고 있기 때문이라고(nothing makes a thing beautiful but the presence and particpation of beauty). 그것이 어떤 식으로 아름다움에 참여하는가에 대해서는 나는 잘 모르네. 그러나 모든 아름다운 것은 절대미에 의해 아름답게 된다는 것(by beauty all beautiful things become beautiful)을 나는 강력히 주장하는 바일세. 이것은 나로서나 혹은 다른 사람에게 있어서 가장 안전한 대답일세. 이 원리는 결코 전복되지 않을 것이므로 나는, 모든 아름다운 것이 오로지 절대미에 의해서만 아름답게 된다고 누구에게나 마음 놓고 말할 걸세.

세상의 모든 큰 것들은 절대적 큼에 의해서 크며, 보다 큰 것들은 '절대적 보다 큰 것들'에 의해 보다 크고, 작음은 절대적 작음에 의해 작게 되는 것(by greatness only great things become great and greater greater, and by smallness the less becomes less) 아닌가?

'그렇지요.'

만일 어떤 사람이 A란 사람과 B란 사람을 비교하여 말하기를 A는 B보다 머리만큼 크고 B는 A보다 머리만큼 작다고 하면, 자네는 이런 말이 옳지 않다고 할 것일세. 자네는 자네의 생각을 철저히 주장하여 모든 보다 큰 것은 오직 절대적 큼에 의하여서만 다른 것보다 더 크며(the greater is greater by, and by reason of, greatness), 보다 작은 것은 오직 '절대적 보다 작음'에 의하여서만 보다 작다(the less is less only by, and by reason of, smallness)고 말하는 것이 좋을 걸세.

이렇게 하면 보다 큰 것이 보다 크고, 보다 작은 것이 보다 작은 것은 머리의 크기에 의한 것(the greater is greater and the less less by the measure of the head) 이라는 엉뚱한 소리를 하지 않을 수 있을 것이요, 또 키 큰 사람이 사실은 작은 사람의 머리에 의하여 큰 사람이 된다(the greater man is greater by reason of the head, which is small)고 하는 괴상한 생각을 안 해도 될 걸세. 그와 마찬가지로 자네는 10이 8보다 많은 것은 2때문이라고 감히 말하지 않을 것이고, 오히려 수(數)의 성질 때문에 그런 거라고 말할 걸세. 또 2척

이 1척 보다 큰 것은 절반이라는 성질 때문이 아니라 크기의 성질(magnitude) 때문이라고 말할 것일세.

'정말 그렇습니다.'

또 자네는 하나에 하나를 보태는 것이, 혹은 하나를 쪼개는 것이 둘의 원인이라고 주장하는 것을 삼가게 되지 않을까? 무엇이든 존재하게 되는 것은 그것의 본질에 참여함(by participation in its own proper essence)으로 써요, 그 밖의 다른 까닭을 전혀 알지 못하며, 둘의 원인은 오직 둘의 성질에 참여(the participation in duality)한 때문이요, 이것이 둘을 둘 되게 하는 것이고, 또 하나의 성질에 참여(the participation in one)하는 것만이 어떤 것을 하나 되게 하는 것이라고 소리 높여 단언하는 것이 좋을 걸세.


## 심미아스가 소크라테스 보다 큰 것은 그가 심미아스이기 때문이 아니다

심미아스가 소크라테스보다 크고 파이돈 보다 작다고 말할 때, 자네는 심미아스에게 큼과 작음의 속성을 다 부여하고 있는 것이 아닌가?

'그렇습니다.'

그러나 자네는 심미아스가 소크라테스보다 크다는 것이 그 말 그대로 참되지는 않다는 것을 인정할 테지? 왜냐하면 심미아스가 소크라테스보다 큰 것은 그가 심미아스이기 때문이 아니라 그가 가지고 있는 크기로 말미암은 것이니 말이야(Simmias does not really exceed Socrates because he is Simmias, but by reason of the size which he has). 또 그가 소크라테스보다 큰 것은 소크라테스가 소크라테스인 때문이 아니고 소크라테스가 심미아스의 크기에 비해 작음을 가지고 있기 때문이 아닐까(just as Simmias does not exceed Socrates because he is Simmias, any more than because Socrates is Socrates, but because he has smallness when compared with the greatness of Simmias)?

그러니 심미아스를 두고 크다고도 하고 작다고도 하는 것은 그가 양자의 중간에 있어서 그의 큼에 의하여서는 한 사람의 작음을 능가하며 한편 또 한 사람의 크기로 하여금 그의 작음을 능가케 하는 때문일세(because he is in a mean between them, exceeding the smallness of the one by his greatness, and allowing the greatness of the other to exceed his smallness).

절대적 큼이란 결코 동시에 크고 작을 수 없으며, 또 인간이나 그 어떤 구체적 사물 속의 큼도 결코 작음을 용납하지 않는 것일세(not only that absolute greatness will never be great and also small, but that greatness in us or in the concrete will never admit the small or admit of being exceeded).

두 가지 일 가운데 하나가 일어날 것일세. 즉 그 반대인 작음이 접근해 올 때에 큼이 자리를 비켜 물러가거나 혹은 사라져 없어지거나(the greater will fly or retire before the opposite) 할 것이네. 작음을 받아들이고 허용함으로써, 작음에 의해 자신을 변화시킬 수 없기 때문이지(but will not, if allowing or admitting of smallness, be changed by that). 이와 마찬가지로 심미아스와 비교할 때 나는 작음을 받아들이고 허용하지만 여전히 나는 본래의 나대로 동일한 작은 사람인 채로 있는 거야. 큼의 이데아는 결코 작은 것일 수 없고, 또 자신을 낮추어 작게 될 수도 없어(the idea of greatness can not condescend ever to be or become small). 마찬가지로 우리 안의 작음도 큰 것일 수 없고 크게 될 수도 없어.

무릇 모든 상반적인 것들은 언제나 자신의 본성대로 남아있을 뿐, 결코 그 자신의 반대 것으로 될 수는 없어(nor

can any other opposite which remains the same ever be or
become its own opposite). 그렇지 못할 경우에는 그 변화 속
에서 그만 사라져 없어지고 말지(passes away or perishes in
the change).

## 이데아의 성질과 현상적 사물의 성질 차이

'아니 그건 우리가 앞서 인정한 것과 정반대되는 것이 아
닙니까? 아까는 보다 큰 것에서 보다 작은 것이 나오고, 보
다 작은 것에서 보다 큰 것이 나오며, 이렇듯 반대 것들에
서 반대 것들이 생간다고 했는데(out of the greater came the
less and out of the less the greater, and that opposites were
simply generated from opposites), 지금은 이 원리가 전적으
로 부인된 것 같군요.'

자네는 그 두 경우가 서로 다르다는 것을 알지 못하는 것
같네. 아까는 서로 반대되는 구체적인 사물들에 대해서 말
했고, 지금은 본질적인 상반성에 대해서 말하고 있는 걸세
(then we were speaking of opposites in the concrete, and now
of the essential opposite).

아까는, 반대되는 성질에 따라 이름 붙여진 반대 것들에

관해서 말했지만(we were speaking of things which are called after them), 지금은 이 반대 것들에게 명칭을 준 그 성질들 자체에 관해서 말하고(now about the opposites which give their name to them)있는 걸세. 이 본질적인 반대 성질들은 결코 그 반대의 것으로 될 수 없어(these essential opposites will never admit of generation into or out of one another).

### 냉기와 열기

그러면 이 문제를 다른 각도에서 살펴보고 나에게 동의할 수 있는지 생각해 보게. 자네는 뜨겁다 차다,라는 말을 쓰지 않나?

'물론 쓰지요.'

그런데 그것들은 불이나 눈(雪)과 같은 건가?

'그럴 수 없지요.'

따뜻함은 불과 다르고, 냉기는 눈과 다르단 말이지?

'네, 그렇습니다.'

그러면 앞서 말한 식으로 하여, 불을 받는 눈은 절대로 여전히 눈일 수 없고 그렇다고 뜨거움일 수도 없지. 다만 뜨거운 기운이 접근함에 따라 눈은 물러나거나(retire) 사라져 없어지겠지(perish).

'네, 인정합니다.'

또 불도 냉기가 접근하면 물러가거나 소멸하지. 즉 불이 냉기를 받으면 그대로 불이면서 찬 것일 수는 없겠지.

'옳은 말씀입니다.'

그런데 이데아의 명칭은 이데아만을 지시하는 게 아니네 (the name of the idea is not only attached to the idea). 이데아는 아니면서 이데아의 모습을 띠고 존재하는 것들도 역시 이데아의 이름을 요구하고 있거든(anything else which, not being the idea, exists only in the form of the idea, may also lay claim to it). 예를 하나 들어 좀 더 분명히 설명해 보겠네. 홀수에는 언제나 홀수란 명칭이 붙을 테지?

'그렇지요.'


### 홀수와 짝수

우리는 이 홀수(the odd)란 명칭을 홀수 자체에만 쓰는가? 아니면, 홀수 그 자체는 아니면서 그러나 결코 홀수의 성질에서 벗어나지 않기 때문에, 따로 자신의 이름이 있으면서도 홀수라 불리는 것이 있는가? 가령 3 같은 숫자는 홀수와 같은 급(class)은 아니지. 그런데 그것은 그 자신의 이름으로도 불리고 또 홀수라고도 불리는 것 아닌가? 홀수란 명칭이 곧 3은 아닌데도 말이야. 이런 일은 3에 대해서만 아니라 5에 대해서도 또 모든 수의 절반에 대해서도 말할 수 있지. 즉 그것들은 홀수 자체는 아니면서 각각 하나의 홀수란 말이야. 또 이 홀수 아닌 수, 그러니까 모든 수의 다른 절반은 짝수 자체는 아니면서 각각 하나의 짝수란 말이야. 여기에 동의하는가?

'물론 동의하지요.'

자 그러면 내가 지금 분명히 밝히려는 것에 주의해 주게. 상반적인 본질만이 서로 상반적인 것을 배제하는 것이 아니라, 구체적인 사물들도, 그 자체 반대되는 것은 아니면서도 반대되는 성질을 지니고 있을 때에는 역시 서로 배제한다는 것을 말이야. 그리하여 서로 가까워질 때 그것들은 멸(滅, perish)하거나 아니면 뒤로 물러나는 것이네. 예를 들어 숫자 3은 짝수로 전환되기 보다는 완전히 절멸(絕滅, annihilation) 하지 않겠는가?

그러면 어떤 것을 반대하지는 않으면서도 그 반대적인 것을 받아들이지 않는 것들(which are not opposed, and yet do not admit opposites)을 다시 생각해 보세. 가령 숫자 3은 짝

수(the even)에 반대하지는 않지만 결코 짝수란 성질을 받아들이지는 않고, 도리어 언제나 반대편에서 반대되는 것을 작동시키고(brings the opposite into play) 있단 말이야.

또 숫자 2도 홀수의 성질을 받아들이지 않고, 불도 냉기를 받아들이지 않지. 이 밖에 이런 예는 많이 있어. 여기서 자네는 다음과 같은 결론에 도달할 걸세 – 즉 반대의 성질들은 그 반대의 성질들을 받아들이지 않을 뿐만 아니라, 반대의 사물도 자신이 초래한 성질과 반대되는 성질의 사물을 받아들이지 않는다(not only opposites will not receive opposites, but also that nothing which brings the opposite will admit the opposite of that which it brings)는 것을 말이야.


## 영혼 불사가 증명되다

자 그러면 무엇이 육체 속에 있기에 육체가 살아 있지?

'영혼이 있어서 그렇지요.'

생명에 반대되는(opposite to life) 것이 있나?

'있지요.'

그게 뭐지?

'죽음이지요.'

그러면 이미 합의한 바와 같이 영혼은 그것이 초래하는 것에 반대되는 것을 절대로 받아들이지는 않을 테지?

'그렇지요.'

그런데 조금 아까 우리는, 짝수를 받아들이지는 않는 (repel) 것을 뭐라고 불렀지?

'홀수라 불렀지요.'

음악적인 것 혹은 정의로운 것들을 받아들이지 않는 것은?

'비음악적인 것, 그리고 부당함이지요.'

죽음을 허락하지 않는 것은 뭐라고 하지?

'불사(不死, the immortal)라 하지요.'

영혼은 죽음을 받아들이는가?

'받아들이지 않습니다.'

그러면 영혼은 불사인가?

'네 그렇습니다.'

그러면 이것으로 영혼의 불사가 증명되었다고 할 수 있을까?

'충분히 증명되었다고 할 수 있지요.'

만일 홀수가 불멸이라고 하면 숫자 3도 필연적으로 불멸하는 것이 아닐까?

'물론 그렇지요.'

만일 차가움이 불멸하는 것이라고 하면, 더운 것이 눈(雪)을 공격할 때 눈은 녹지 않고 온전한 상태로(whole and unmelted) 뒤로 물러나는 것이 아닐까? 왜냐하면 그것은 결코 멸할 수(perished) 없고, 또 그냥 머물러 열을 받아들일 수도 없으니 말이야.

'옳은 말씀입니다.'

또 만일 차갑지 않음(uncooling), 즉 따뜻함의 원리가 불멸이라고 한다면, 차가움의 공격을 받은 불은 멸할 수 없고 꺼질 수도 없으며, 다만 온전한 상태를 유지한 채(unaffected) 어디론가 가 버리는 것이 아닌가?

'분명히 그렇습니다.'

불사적인 것(the immortal)에 대해서도 이와 같이 말해야 하지 않을까? 불사적인 것이 또한 불멸하는(imperishable) 것이기도 하다면, 영혼도 역시 불사이면서 동시에 불멸이네. 그러나 만일 그렇지 않다고 하면, 그 불멸에 대해서 어떤 다른 증명을 해야 할 것일세.

'다른 증명을 할 필요가 없지요. 만일 불사적인 것이 영원한 것이면서도 멸할 수 있는 것이라면(if the immortal, being eternal, is liable to perish), 세상에 불멸하는 것이란 하나도

없겠으니 말입니다(then nothing is imperishable).'

그렇지. 그래서 신 자신과 생명이란 것 자체와 그리고 이밖에 무엇이든 불사적인 것이 결코 멸하지 않음을 누구나 인정하는 것이지.

'사실 누구나 인정합니다.'

그러니 불사적인 것이 곧 불멸(不滅)하는 것이라 한다면, 영혼은 불사이므로 또한 불멸이라고 해야 하지 않을까(Seeing then that the immortal is indestructible, must not the soul, if she is immortal, be also imperishable)?

'분명히 그렇습니다.'

그러므로 죽음이 사람을 엄습할 때 그의 가사적(可死的) 부분(the mortal portion)은 죽는다고 볼 수 있으나, 불사적(不死的) 부분(the immortal)은 뒤로 물러나 자기를 온전하게 보전하는 것이 아닐까?

'그럴 겁니다.'

그러면 오오 케베스, 영혼은 불사불멸(immortal and imperishable)이므로, 그것은 우리가 죽은 후에도 다른 세계에 오롯이 남아 있을게 틀림없지 않은가!

그러니 나의 벗들이여! 영혼이 정말 불사라고 한다면 우리는 이 세상의 짧은 시간을 위해서만 아니라, 영원한 세월을 위해서도 영혼을 보살펴야 할 것일세. 영혼을 소홀히 한다는 것은 아주 위험한 일이라 하지 않을 수 없네.

## 플라톤의 몸 이야기

초판 1쇄 발행 2013년 3월 20일
초판 2쇄 인쇄 2023년 5월 27일

편　저 · 박정자
펴낸이 · 안병훈

펴낸곳 · 인문서재
등　록 · 2004. 12. 27　제 300-2004-204호
주　소 · 서울시 종로구 대학로8가길 56 동숭빌딩 301호
전　화 · 02-763-8996(편집부) 02-3288-0077(영업마케팅부)
팩　스 · 02-763-8936
이메일 · info@guiparang.com
홈페이지 · www.guiparang.com

ISBN 978-89-6523-914-7　03300